欲望する「ことば」

「社会記号」とマーケティング

嶋浩一郎
Shima Koichiro

松井剛
Matsui Takeshi

目次

はじめに　社会記号が世の中を動かす

嶋 浩一郎

突然ですが、質問です。

あなたは「加齢臭」を気にしたことがありますか？

女性の方であれば、「女子力」を気にしたことはありますか？

ある、という人に重ねて聞きます。

では、「加齢臭」あるいは「女子力」ということばができる前に、それらについて気にしたことがあったでしょうか？

加齢臭や女子力だけではありません。イクメン、草食男子、ロハス、おひとりさま、コギャル、エビちゃんＯＬ、シロガネーゼ、美魔女……、私たちは新旧さまざまな「記号」に囲まれて暮らしています。

しかし、それらが誕生する以前に、記号が表す事柄について、皆さんは気にしたことがあったでしょうか？

本書は、これら「社会記号」について論じたものです。

社会記号とは、先ほど挙げた例のように、生まれたときには辞書に載っていないのに、社会的に広く知られるようになり、テレビや雑誌でも普通に使われ、見聞きするようになることばのこと。「流行語」の一種と考えてもいいでしょう。私、嶋がかつて所属していた博報堂のPR局はこのようなことばに注目し「社会記号」と名付けました。

社会記号はある日突然生まれる新語ですが、いったん定着すると、「あいつって草食男子だよな」とか「最近、女子力が足りなくて」なんて、まるで昔から慣れ親しんでいたことばのように使われ始めます。

でも、よく考えればこれは不思議なことです。

新語は日々生まれているのに、あることばは定着し、なぜあることばは定着しないで消えてゆくのか？　そして一度定着したことばは、どうして以前から知っていることばのように感じられ、違和感なく使われるのか？

広告会社で二〇年以上にわたって、広告やＰＲの仕事に携わってきた私にとって、こうした「社会に流通することば」について考えることは、非常に重要なことでした。

例えば、「ロハス」「第三のビール」といったことばは、世の中の新しい動きや事象を説明するためにメディアがつくった社会記号ですが、ロハスということばができたことによってエココンシャスな商品が売れ、第三のビールということばができたことで、ビール各社の「新ジャンル」がヒットするという現象が起こりました。社会記号と特定の商品が結びついてヒットが生まれるという事例をたくさん目の当たりにしてきたのです。

なぜ、こういう現象が起こるのか？

私はよく、その典型として「コギャル」を例に考えます。

コギャルということばが流行し定着したのは一九九〇年代後半のこと。「なんだか変な格好」と人々が思っていた一部の女子高生たちが、メディアによって「コギャル」と命名されたことで、世の中に大きな変化が起こりました。

まず、コギャルの当事者たちがスターになりました。彼女たちは「自分たちの時代がついに来た」と思ったに違いありません。コギャルがスターになれば、フォロワーも生まれます。新たに「私もコギャルになりたい」と願う人が登場します。

さらに、これがいちばん大きな変化だったかもしれませんが、コギャルを娘に持つお父さんたちの態度も変わりました。「どうして、うちの娘はあんなひどいメイクをしているのか？」と不安に感じていたところに、「あの女子高生たちは『コギャル』というのです」と説明が与えられたのです。コギャルという社会記号が生まれたことで、「なるほど、うちの娘はワケの分からないファッションをしているのではなくて、要するに『コギャル』だったのだな」と異質な存在に寛容になることができました。

これは「できちゃった婚」ということばがつくられたことにより、「妊娠してからの結婚」に対する心理的な抵抗感が少なくなったのと同じことです。ある現象を言語化することで、周りがその存在を許容する状況が生まれるのです。

そして、コギャルを自称する人が増えれば、雑誌や新聞、テレビの報道番組などで「コギャル特集」が組まれ、その生態や文化が報じられるようになります。それは同時に、メディアが「コギャル」ということばを世の中に広め、定着させていくプロセスでもあります。こうしてコギャルということばが多くの人に使われるようになり、さらにムーブメントは広がっていきます。

そして、コギャルという集団の存在がメディアによって明らかにされたことで、今度はプリクラやメイク道具など、コギャル向けの商品を開発しようとする人たちが登場します。つまり、コギャルという社会記号が定着するプロセスの中で、新しい文化や市場まで生まれたわけです。

このように、新しく生まれたことばが人々の間に定着して、日常的に使われるようになる――つまり、社会記号化する――と、世の中に大きな影響を及ぼします。

しかも、これは企業活動にとっても重要です。

もし、自分がマーケターだったらと考えてみてください。新商品をプロモーションするときに、単にどういう新機能があって、どういう良さがあるかということを語るよりも、世の中の潮流に乗っかる形で、「だから、こういう商品をつくりました」とプレゼンテーションしたほうが、メディアに取り上げられやすくなり、人々の関心を呼ぶ可能性が高くなります。なぜなら、メディアは企業の宣伝ではなく、あくまでも世の中の変化を伝えるニュースを報じたいからです。

例えば、「イクメン」や「朝活」という社会記号が人々の間で認知されていると知っていれば、ベビーカーの会社の人は「育児参加に積極的なお父さんが増えている」ことを前提に、「パパの意見を取り入れたベビーカー」をつくってもいいし、デパートの催事担当者は「朝に活動的なことをしたい人が増えている」ことを前提に、店内のカフェやイベント会場で「朝の勉強会や読書会」をやってもいい。

そうすると、イクメンや朝活という現象の広がりが報じられる際に、そのベビーカーの会社やデパートが取材されます。もちろん、社会の変化をいち早く捉えたことで、これまで接点のなかった人をお客さんに変えることもできるでしょう。それだけ社会記号は企業のビジネスと深く結びついているのです。

社会記号とは、人々の生き方や社会の構造が変化していくときに、世の中の端っこに現れる予兆のようなものです。生まれたと思ったらすぐに消えてしまう新語もたくさんありますが、新しいことばが定着するということは、その現象がひとつの文化となった証《あかし》でもあります。

そして、社会記号には人々の隠された欲望が反映されています。

「おひとりさま」という社会記号が定着するということは、「他人に気を遣うより、自分が好きなように外食や旅行をしたっていいじゃない」という欲望が世の中に芽生えている。そういうことであり、「美魔女」という社会記号が定着するということは、今まで良妻賢母を目指すべきと社会的には思われていたアラフォー世代の女性に「アラフォーになっても自由に生きたい」という欲望が芽生えているということを表しています。

これらの新しい欲望の胎動が分かっていれば、企業は「おひとりさま向けのメニュー」を企画したり、「アラフォーに特化した旅行プラン」などをつくることができます。

社会記号を理解し、またそれが生まれるプロセスについて知っていれば、人々の欲望の行き先、世の中が向かおうとしている「ちょっと先」が見えるようになります。だから社会記号に関する知識を身に付けることは、マーケターや広報担当者、それに商品の開発者にとっては欠かせないスキルだと私は考えています。

もちろん、社会記号について知ることは、ビジネスの役に立つだけではありません。

本書の共著者である一橋大学教授の松井剛さんは、社会学者タルコット・パーソンズの「概念はサーチライトである」ということばを踏まえて、「社会記号について知ることは、世の中の見通しが良くなることでもある」と指摘しています。

概念、つまりことばがサーチライトになって、そのことばが指し示すものが照らされる。それまで見えなかったものが見えるようになる。すると、私たちは照らされた物事に注目し、途端に意識するようになります。

加齢臭や女子力ということばがなかった時代には、体臭を気にする男性も、自分磨きを意識する女性も決して多くはありませんでした。しかし、社会記号として概念がつくられた途端、男性用の体臭ケア用品が売れ、女性の魅力を磨く講座に人が集まるようになりました。

社会記号は市場をつくるだけでなく、自分自身、ひいては世の中の見え方までも変えてしまいます。その仕組みを理解することは、社会に対する洞察を深めることにも役立つでしょう。

本書では、今も昔も私たちに大きな影響を与える、社会記号が生まれるプロセスを明らかにすることで、メディアに流通することばが人々の生活と、いかに密接に関わっているかを解き明かしていきます。

松井さんは一橋大学のビジネススクールで、「女子」や「癒し」など、ことばが市場をつくるプロセスについて分析してきた研究者です。そんな松井さんが、私がマーケティングの現場で使っていた「社会記号」という造語に注目し、マーケティングの論文で紹介していただいたことから本書の企画は始まりました。

社会記号について語ることは、ことばについて語ることであり、社会について語ることであり、マーケティングについて語ることでもあります。それらの話題が交じり合った本書を通じて、「世の中を見る目が少し変わった」と感じていただければ幸いです。

本編では、嶋が多様な事例をもとに社会記号が生まれる背景を紹介する一方、松井さんには社会記号が成立する条件を学問的に分析していただきました。そこから見えてきたのは、社会記号が市場をつくるだけでなく、市場も社会記号を生み出すという、ことばによって世界が動くダイナミクスです。

それでは、常に私たちの身近にあって私たちを動かしながらも、知っているようで実は知らないことばの秘密に触れてみましょう。

第一章　ハリトシス・加齢臭・癒し・女子
——社会記号の持つ力

松井　剛

あなたは「リア充」ですか?

「はじめに」で嶋さんが説明してくれたように、本書は社会記号について考えていきます。私はマーケティングの研究者として、「癒し」や「女子」というようなことばが、どのようにして市場をつくるのか、ということを研究してきました。そういった研究を進める中で、いろいろな人と議論を重ねてきました。そのときに〝まくら〟として質問する事柄があります。

例えば、相手が学生であれば、こう聞きます。

あなたは「リア充」ですか? それとも「非リア充」ですか?

学生は「いきなり何の話をしだすのか」と怪訝《けげん》そうな表情をして「い、いや、そうでもないです……」と遠慮がちに答えます(私が勤務する一橋大学には「はいリア充です!」と即答するような学生はほとんどいません)。

しかし考えてみたら「リア充」とは不思議なことばです。ご存知ない方のために説明すると、「リア充」とは、「恋愛や友人関係などにより、リアルの生活が充実している人」を略して呼ぶネット発の言い方です。非リア充とは、反対に「リアルが充実していない人」のことですね。

ことばの是非はともかく、この言い方が広まる前から、恋人がいる・いないなどプライベートな生活が充実している人とそうでない人がいたはずですし、そのことを気にしている人もたくさんいたはずです。

それにもかかわらず、「リア充」ということばが広く人口に膾炙《かいしゃ》すると、それを気にしだす、あるいは気に病む人が増えるようになりました。若い世代の読者であれば、きっと一度は自分がリア充なのか、何となく気にしたり、友達とそういった会話をしたりしたことがあるでしょう。

一方、社会人、特に中年以上の男性にはこう聞くことがあります。

あなたには「加齢臭」がありますか？

「はじめに」でも問われたこの質問、実際にしてみると、聞かれた相手は「なんだ、こいつは!?」という表情を見せます。しかし、若い人を除けば、堂々と「加齢臭なんてありませんよ」と答える人に会ったことはありません。むしろ自分に加齢臭があるかどうか、誰しも気にしているようです。

「加齢臭」も不思議なことばです。このことばが広がる前から、中高年男性には若い人にはない独特の体臭があったはずです。このことばが広まってから急に臭うようになったわけではありません。それにもかかわらず、「加齢臭」ということばが広く人口に膾炙すると、それを気にしだす、あるいは気に病む人が増えるようになりました。

このように、リア充とか加齢臭について気にすることを、社会学では、フレーミング(framing)と呼んでいます。

絵の額縁のことをフレームと言いますよね。世の中には、個人的で瑣末《さまつ》なことから、社会を揺るがす深刻な出来事まで、たくさんの解決すべき問題があります。けれども、私たちはすべての問題に同じ程度の関心を寄せているわけではありません。世界では悲惨な出来事がたくさん起こっています。しかし、そんな出来事もニュースで報道され、自分たちの耳目に入らない限り、私たちはその事実すら知り得ません。たとえ知ったとしても、多くのニュースの中で注目するのは、ほんの一部でしかないのです。

ある問題が他の問題に比べて、多くの人たちの関心を集めることがあります。これがフレーミングという意味です。皆さんがスマホで写真を撮るときに、何をフレームに入れて何を入れないのか、ということを考えますよね。皆さんが撮った写真を、後で見る人が目にするのは、当然、皆さんがフレーム内に収めたものであり、写真を目にする人はフレームの外側を知るよしもありません。それと同じことです。

「リア充」とか「加齢臭」ということばは、私たちの生き方についての二一世紀的なフレーミングのされ方です。こうして考えてみると、フレーミングでは、ことばが重要な役割を果たしていることが分かります。嶋さんが提唱してきた社会記号とは、まさに世の中にあるさまざまな問題をフレーミングすることばです。

では、社会にあるさまざまな問題を、社会記号はどのようにフレーミングしてきたのか？　そのことを考えるために、この章では、私の研究成果をコンパクトに紹介していきます。具体的には、「ハリトシス」「加齢臭」「癒し」「女子」という四つの社会記号について見てみましょう。

ハリトシス――私たちが口臭を気にする理由

最初に取り上げるのは、「ハリトシス（halitosis）」ということばです。耳慣れないことばですね。これは、「口臭」を意味する医学用語です。

このことばがよく知られるようになったのは、一九二〇年代のアメリカにおいて展開されたリステリンの広告がきっかけだと言われています。今では口臭予防の洗口液として知られているリステリンですが、そもそも一九世紀終わりから、汎用の消毒薬として売られていました。口臭予防だけが使い道ではなかったのです。

そのリステリンの運命が変わったのは、コピーライターのミルトン・フィーズリーとゴードン・シーグローブ、そしてランバート薬品社長のジェラルド・B・ランバートが考えたある広告がきっかけでした。

その一例が、図1―1（23ページ）です。タブロイド紙の「身の上相談」風の記事に仕立てたこの広告には、物憂げな表情を浮かべる美しい女性が鏡に映る自分を眺めている様子が描かれています。その下には、次のような文章が書かれています。

毎晩、彼女はいぶかしげに鏡を覗《のぞ》き込み、むなしくその理由を探り当てようとしている。

彼女は、美しい少女であり、才能もあった。良い教育も受け、他の女の子よりも良い服を身にまとっていた。諸国漫遊で身につけた教養と落ち着きもある。

しかし、女の子であろうと女性であろうと誰もがいちばんに求めているもの、すなわち結婚することに、彼女は失敗しているのである。

たくさんの男たちが彼女の人生に現れ、そして去っていった。花嫁の介添人にはなることはあっても、彼女自身が花嫁になることはない。そして、鏡が隠している秘密は、彼女が決して疑いはしないこと、人が絶対、面と向かっては決して言わないあることなのである。

こうした悩みに対して、広告ではこう解答を提示しています。

それが、ハリトシス（不愉快な息）の油断ならないところなのです。それがあるとしても、あなたは、あなた自身は、滅多に気づかないのです。そして親友ですら、決して教えてくれません。

ハリトシスは、ときには、もちろん専門的な診察が必要なほどの深刻な内臓の病気が引き起こしている場合もあります。しかし、通常は幸運なことに、マウスウォッシュとうがい薬としてリステリンを日常的に使うことで、ハリトシスは解消できるものなのです。

外科用包帯に長年使われており、よく知られた消毒薬が、消臭剤として使える特徴を有していることは興味深いことです。口の中にある食物の発酵を止めて、息の香りを良くし新鮮で清潔なままにしてくれます。ですから規則正しくリステリンを使えば、あなたは安心で失礼なことにはなりません。あなたの息は大丈夫です。どこにでもいる清潔好きなみなさんは、リステリンを使うことを毎日の習慣のひとつに加えているのです。

この彼女は、口臭がゆえに「負け犬」になってしまったのです（この「負け犬」ということばも、エッセイストの酒井順子氏が広めた社会記号です）。「結婚が女の幸せ」なんて、二一世紀の今では時代錯誤な考え方であるといえるでしょう。しかし今から九〇年以上前のアメリカでは、そうした考え方が当然視されていたようです。このように広告は、その場、そのときの社会の価値観を映し出す鏡です。

図1－1：
リステリンの広告（1923年）

いかにも科学的に聞こえる「ハリトシス」ですが、実は当時の人々にとっても決して馴《な》

染《じ》み深いことばではありませんでした。広告のために古い医学事典から掘り出してきたものだったそうです。

私がこの広告を知ったのは、昔、大学院の授業で *Advertising the American Dream*（アメリカン・ドリームを広告する）というとても面白い歴史書を読んだときのことでした。

著者の広告史家ローランド・マーチャンドは、臭い息の呼び名を医学用語にすることで、不愉快な臭いについて話題にすることの下品さをいくらか解消していると言っています。それだけではなく、タブロイド紙の三面記事と人生相談のスタイルを真似《まね》てつくられたことで、恵まれた人が恥をかき不幸な目に遭っている印象を与えるストーリーによって、広告を「自分事」として読者の心に響かせているのだと指摘しています。著者の歴史家ならではの深読みが興味深いです。

この広告キャンペーンは大成功を収め、一九二〇〜二一年は一〇万ドル程度だったランバート薬品の利益は、一九二七年には四〇〇万ドルにまで達しました。リステリンで口をゆすぐことが、シャワーやひげそりと同様に、朝の習慣としてアメリカ人に定着したのです。広告は社会の価値観の鏡だと言いましたが、同時に鏡が映し出す価値観を変える力を持つこともあるのです。

それだけではなく社長のランバートは、フケ防止、ワキガ防止など、リステリンがさまざまな用途に使えることもアピールし、さらにリステリン練り歯磨きも発売しました。フケや体臭や虫歯など、いずれもきちんと処理をしないと世間で恥をかくものばかり。ランバートの展開したマーケティングで一貫しているところです。恥ずかしい目に遭いたくないというニーズを創造するために、ランバートは、一九二二年には一〇万ドルだった広告費用を、一九二八年には五〇〇万ドルにまで増やしました。

次第に当時の人々は、リステリンのめざましい成功が広告の力によるものであると気づき始めました。そこで狙ったのが、柳の下の二匹目のドジョウです。

彼らは、「ブロモドシス（bromodosis＝汗臭い足の臭い）」、「アシドシス（acidosis＝胸焼け、胃酸過多）」、さらには「ホモトシス（homotosis＝家具の飾り付けが魅力的でないこと）」のように、いかにも医学的に見える病気の名前をつくって人々の潜在的な不安感を煽《あお》り、新たな市場を創造しようとしました。

こうしたやり方は、広告の世界では「ハリトシス・スタイル」とか「ハリトシス・アピール」という業界用語として定着しているそうです。これは日本での「就活→婚活→妊活→終活……」の展開と似ていますね。二匹目のドジョウは、いつでもどこでも狙われているのです。

広告会社ウォルター・トンプソン社は、こうした広告技術について、「モノを売るにはことばもまた売らなくてはならない。もっともそれ以上でなければならない。われわれは人生を売らなくてはならないのだ」（傍点は原文ではイタリック）と一九二六年に言っています。口臭に「ハリトシス」ということばを与えて、それがゆえに失敗した人生を歩んでしまった人々を鮮烈に描くことで、リステリンというモノへの強い需要が創造されたのです。

加齢臭——二〇世紀末にフレーミングされた臭い

ハリトシスの経験から言えるのは、堅い専門用語を使った〝病名〟を付けることで、この〝病気〟を治さなければ社会的な失敗をもたらすかもしれないという固定観念を植え付けることができる場合がある、ということです（ただそう簡単に、儲《もう》けるために〝病気〟をつくり出すことはできない、という話は後ほどしましょう）。同じように日本でも〝病名〟が与えられたことで市場が創造された例があります。本章の最初で触れた「加齢臭」ということばです。

飲み会の席に若い女性などが混じっていると、「通勤電車のなかのオヤジの体臭がたまらない！」なんて話題がよくもち出される。三十代の頃は「わかる、わかる」と一緒になって笑いとばしていたものだが、自分も四十過ぎの年代に入ると、穏やかではない。オレもニオッているのではないだろうか……。（中略）「加齢臭」を消す中高年向けのエチケット商品が、秋に発売されるという。熱心な研究開発意欲には脱帽するが、ニオイ消しを怠ったオヤジがノケ者にされる社会――を想像すると、それは〝臭う通勤電車〟以上に息苦しいような気もする。

これは、コラムニストの泉麻人氏が一九九九年に「加齢臭」について「朝日新聞」に書いたエッセイ（「泉麻人の週末流行語大賞　加齢臭」一九九九年六月一二日夕刊）です。「加齢臭」ということばが「朝日新聞」で初めて使われたのです。しかし「加齢臭」と呼ばれる体臭が、一九九九年あたりから急に臭いだしたわけではありません。おそらく昔から、中高年の人々は若い人にはない独特な臭いを発していたはずです。

この〝病気〟を命名したのは、資生堂です。同社の製品開発センターの調香師が、中高年者が集まったときに感じる独特の臭いが気になりだしたことがきっかけであるといわれています。

資生堂では、この臭いの成分を分析して、「脂っぽく、品質の悪かった昔のポマードのような、あるいは古いロウソクのような、もしくはキュウリを切ったときのかすかな青臭さ」と表現できる「ノネナール」という物質が、「加齢臭」の原因であることを一九九九年に発表しました。

同年の「読売新聞」の記事（「〝加齢なる体臭〟消します」一九九九年六月八日朝刊）によると、資生堂の調査では、二〇歳から七〇歳代の男女二一名に同じ綿のポロシャツを着てもらい、付着した体臭を、超高精密分析器を用いて測定しました。すると、パルミトオレイン酸と過酸化脂質という物質が年齢とともに増える、ということが明らかになったのです。

このパルミトオレイン酸は、過酸化脂質などにより分解されることで、体臭を生み出す直接的な原因物質ノネナールに変化します。

これが「オヤジの体臭」の正体でした。

こうした科学的な根拠を与えられたことが、この問題についての社会的な関心が生み出された大きな理由だったのは間違いありません。ただそれ以上に、「加齢臭」という〝病名〟が与えたインパクトも見逃せないでしょう。若いときにはなかった自分の体臭に対する漠然とした不安に「加齢臭」というラベルが与えられたことで、それが対処すべき問題として注目されることになったのです。

実際、シャンプーや石鹸《せっけん》、消臭クリーム、サプリメント、下着、靴下など、この〝病気〟を治す関連商品は数多く販売されています。これら加齢臭マーケティングにより、中年以上の消費者は自分の体臭を気にするようになり、関連商品の消費も拡大。結果として、「加齢臭」ということばをさらに定着させせました。

二〇一三年には、「マンダム、ミドル男性に発生するニオイ成分を特定」というプレスリリースが発表されています。この臭いをマンダムは「ミドル脂臭」と命名して、これに対応できるデオドラント製品を提供しているのです。

ミドル脂臭とは、三〇～四〇代の男性特有の体臭だそうです。加齢臭の原因物質はノネナールでしたが、ミドル脂臭の原因は、三〇～四〇歳で年齢とともに増加する傾向があるジアセチルという成分です。年齢によって体臭の原因成分が異なり、従って抑制するための方法も異なるとマンダムは訴求しています。これはまさに男の体臭についてのマーケット・セグメンテーションであるといえるでしょう。

今や男の体臭に関するマーケットはますます広がり、それに対処するための活動も多様なことばで表現されています。例えば、ロート製薬が二〇一四年に発表した小冊子では、「臭活ドリル～いつかニオわなくなるその日まで～」と題して、体臭に対処する活動を「臭活」と名付けています。これは社会記号である「就活」から派生したことばですね。また最近では「セクハラ」をもじった「スメハラ」（スメル・ハラスメントの略）という言い方も耳にします。

人々の漠然とした不安を言語化してくれる、こうした「刺さる」社会記号が定着すると、さまざまな派生物も生み出されるのです。

癒し――ことばがライフスタイルを変える

これまでの話は、臭いに病名が与えられることで、それを避けたい、解消したい、というニーズがつくられるというものでした。しかし反対に、名付けられたことで、かえって求める人が増えたことばもあります。それが「癒し」です。

私が二〇一三年に出版した『ことばとマーケティング――「癒し」ブームの消費社会史』という本のエッセンスを紹介します。

私たちは、今では「癒されたい」という表現をよく使います。しかし、そもそも二〇〇〇年代になるまでは、ほとんど使われることはなかった言い方でした。実際、「癒し系」ということばは、二〇〇八年に出版された『広辞苑』第六版に初めて採録された新しい表現です。その一〇年前に出版された『広辞苑』第五版では、「癒す」という動詞しか掲載されておらず、その語義も「病気や傷をなおす。飢えや心の悩みなどを解消する」というものでした。私たちの日常生活ですっかり定着した「癒し」は、実に二〇〇〇年代的な表現なのです。

このことばの定着は、しばしば「癒し」ブームと呼ばれてきました。「癒し」ブームが起こった理由としてよく言われるのが、不景気やストレスなどさまざまな社会不安がゆえに「癒し」へのニーズが高まったから、という説明です。

しかし、よく調べてみると明らかなのは、「癒し」という流行語を活用したマーケティングが、実に多様な業界で展開されたということであり、また、「癒し」を「時代のキーワード」に仕立て上げようとしたメディアの報道が多数なされたということです。こうした企業やメディアの動きによって、かつて精神的な意味でしかなかった「癒し」ということばが、人口に膾炙し、商業化し、世俗化したのです。

実際、二〇〇二年に発行された『現代用語の基礎知識』には、「癒し系市場」なることばが登場しています。その意味は「人間の精神的安定に役立つことを切り口としてまとめられた市場」であり、「書籍、音楽、絵画、映像、マッサージ、飲料、食物、衣類など日常生活の多くの分野において人々の心を和ませることを目的に開発された商品の発売が進んでいる」と説明されています。

消費で癒される女、女に癒されたい男

こうした「癒し」をめぐる意味の変化を可視化するために、大宅壮一文庫の索引データベースWeb OYA-bunkoから得られた八〇三三件の雑誌記事タイトルとその内容の補足説明である「備考」に含まれる日本語表現を分析しました（大宅壮一文庫は、雑誌専門の図書館です。私たちが普段読む雑誌記事タイトルを検索できるデータベースを持っていることで有名です）。

この日本語表現をコンピューターで分析して（これをテキストマイニングと言います）分かったのは、例えば、「癒す」という動詞ではなく、「癒し」という転成名詞（他の品詞が転じて名詞になったもの）が、あるタイミングから頻繁に使われるようになった事実です。

一九九九年までは「癒す」「癒し」の双方とも頻度が急増していますが、その後、名詞「癒し」は動詞「癒す」を上回る頻度で用いられるようになったのです。「癒しが求められる」といった表現は二〇〇〇年代に定着したものであることが分かります。

『広辞苑』第五版の定義にあるように、そもそも「癒す」対象は、「病気や傷」や「飢えや心の悩み」でした。しかし、二〇〇〇年代において「癒し」とは、人が希求するものに

なったのです。

また、「癒される」とか「癒されたい」という表現も、同時期に普及したことが明らかになりました。

サ行五段活用の動詞「癒す」の活用形別に頻度の推移をみると、受け身の助動詞「れる」がついた「癒される」とか、さらに希望の助動詞がついた「癒されたい」といった表現で使われる未然形「癒さ」が、二〇〇〇年代に入って他の活用に比べ、より頻繁に用いられるようになっています。

人間が主体的に自ら抱える病気や悩みを「癒す」のではなく、誰かによって与えられる「癒し」を求めるという、より受け身的な構図がこの時代に成立したことがうかがわれます。しかも、その「癒し」は、多くの場合、消費、すなわち金銭的に解決可能な手段を通じて実現されるものです。

そして、「癒し系」という表現の普及が二〇〇二年にピークを打った後に、今度は「癒される」という表現が遅れて普及していきました。この「癒される」という受け身表現の普及は、「癒し」というものがある種の人物、すなわち「癒し系」と呼ばれる女性たちによって提供されるという考え方と結びついています。雑誌記事タイトルにおいて「癒し系」として挙げられた著名人のほとんどは、井川遥《はるか》、本上まなみ、飯島直子、優香、酒井若菜、安《やす》めぐみといった女優もしくはグラビアアイドルでした。

以上のように二〇〇〇年代前半においては、こうした「癒し系」と呼ばれる女性によって、主に男性が「癒される」という考え方が一般的であったことが分かります。ここから推察されるのは、「二〇〇〇年代前半には、『女が男を癒す』というある種の性的分業の発想と関連して『癒し』のイメージが形成された」ということです。

この男性にとって都合の良い解釈の「癒し」は、女性においては共有されていない可能性があります。すなわち男女によって「癒し」の意味が違う、ということです。

次頁の図1―2は、主要な五つの雑誌ジャンル（「一般週刊誌」「女性」「タウン・地方」「女性週刊誌」「男性」）と、一五〇回以上出現したキーワードとの関係を、コレスポンデンス分析（集計の結果が似通っているものを視覚的に明らかにする分析手法）でまとめたものです。

右下の「タウン・地方」（「Ｈａｎａｋｏ」など）に近いことばは、「マッサージ」や「東京」、「ホテル」「サロン」といった「癒し」を与えてくれるスポットに関連したもの。一

図１－２：「癒し」の多様性

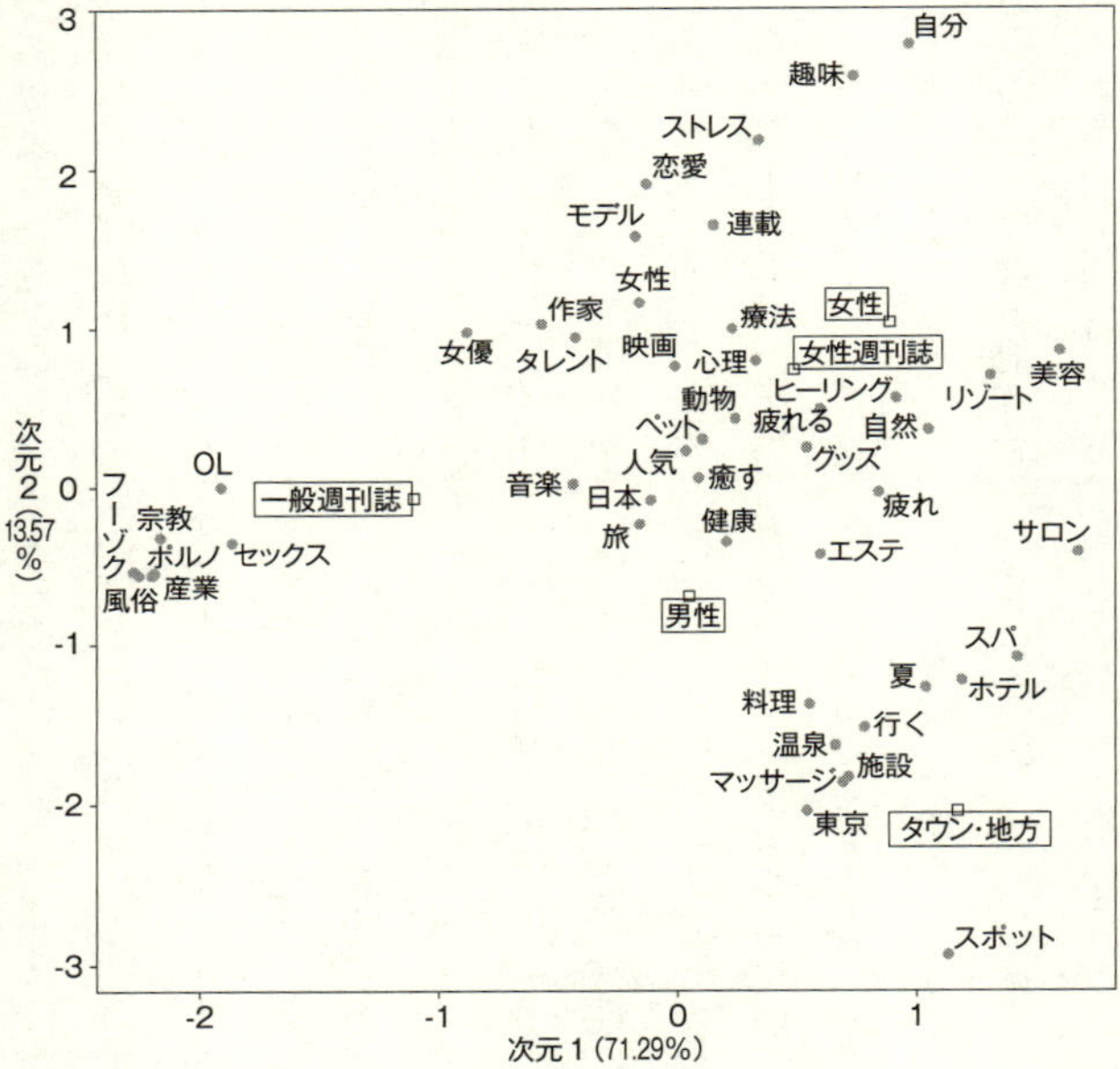

方、左側にある「一般週刊誌」（「週刊ポスト」など）に近いものは「セックス」「風俗」「ポルノ」といった極めて性的な内容が多い結果になりました。

これとは対照的なのが「女性週刊誌」（「女性自身」など）と「女性」（「ａｎ・ａｎ」など）という女性が読者層であるジャンル。ここで「癒し」と関連することばは、「動物」「ペット」「映画」「恋愛」「美容」「趣味」など、いわば「健全な癒し消費」に関わるキーワードでした。

まとめると、男性の間では「女が（自分たち）男を癒す」というイメージが、女性の間では「消費が女を癒す」というイメージが、分化して成立していたといえそうです。

こうした男女でのイメージの違いは「癒し」の世俗化を通じて生じたようです。この変化を見るために、「癒し」ということばがメディアに掲載された時期を四つに分けて分類しました。一九八八〜一九九四年を第Ⅰ期（黎明期《れいめいき》）、一九九五〜一九九八年を第Ⅱ期（導入期）、一九九九〜二〇〇二年を第Ⅲ期（成長期）、二〇〇三〜二〇〇七年を第Ⅳ期（成熟期）と分けました。

次頁の図1―3は、出現頻度が三〇〇回以上の品詞を四時期で分類してプロットしたコレスポンデンス分析の結果です。

第Ⅰ期（一九八八〜一九九四年）では、「疲れ」や「健康」といった「癒し」本来の意味が観察されています。それが第Ⅱ期（一九九五〜一九九八年）に入ると、「料理」や「音楽」といった消費の領域に近い意味を持つようになります。

しかし第Ⅲ期（一九九九〜二〇〇二年）では、「風俗」や「セックス」といったそれまで

図1－3：「癒し」の世俗化

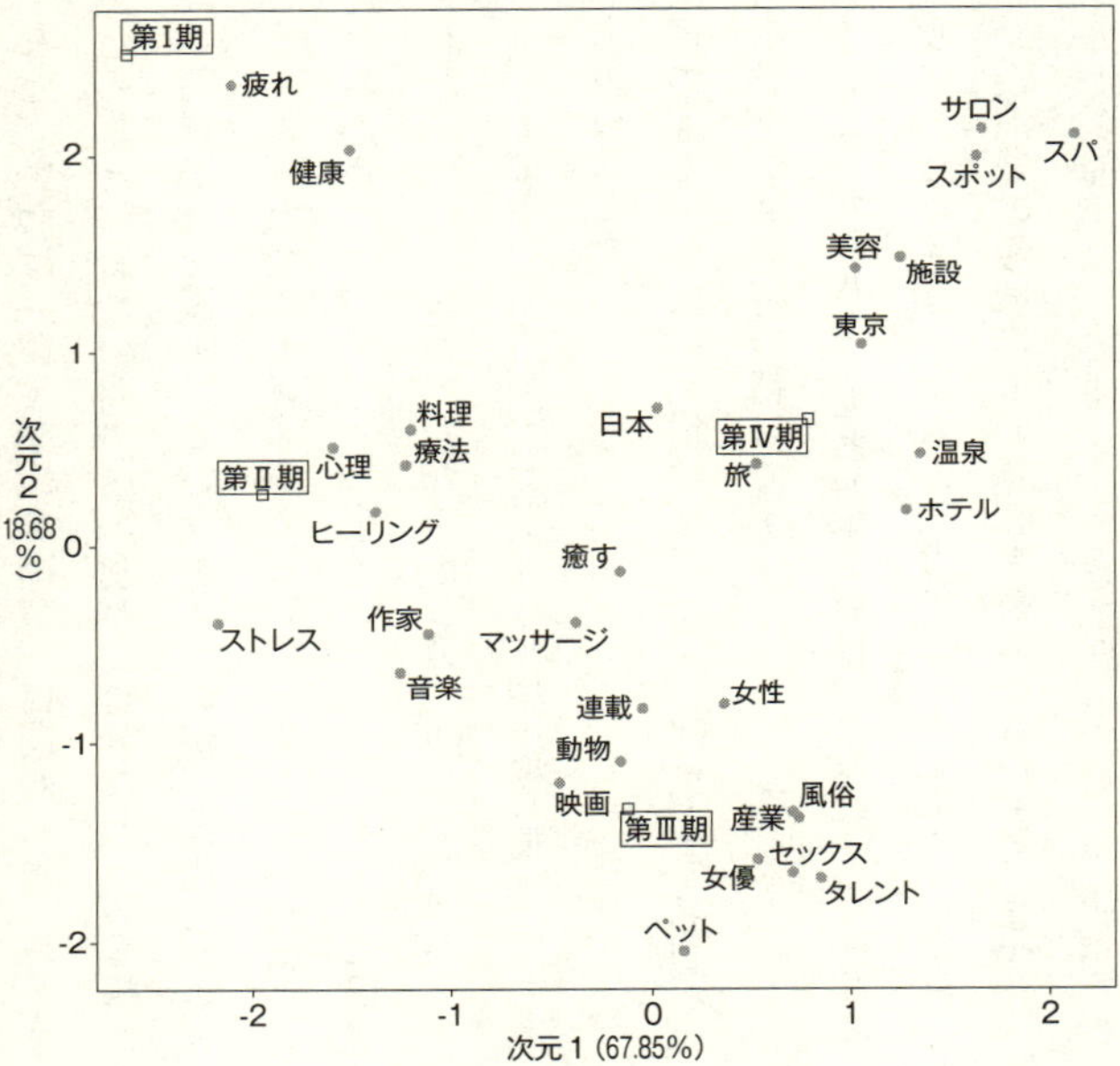

にない極めて世俗的な意味、すなわち男性が読者層である雑誌に見られた意味が現れます。

そして第Ⅳ期（二〇〇三～二〇〇七年）に入ると、こうした性的なイメージは少なくなり、「美容」や「サロン」「スパ」といった女性向けのサービスに関わる意味が強くなっていました。

以上から発見された事実を総合すると、男女における意味の分化は、第Ⅲ期と第Ⅳ期に生じたと考えられます。しかも、「女が男を癒す」という構図は第Ⅲ期に、「消費が女を癒す」という構図は第Ⅳ期に成立したということも示唆しています。

それぞれ独自に生じた意味の創造に感じられますが、両者を併せて考えると、ここからは「消費が女性を癒し、女性が男性を癒す」という図式を見出《みいだ》すことができます。すなわち「癒し」においては一方向的な性的分業が成立したと考えられるのです。

女子——男性の目線を気にしない生き方の誕生?

こうした分析により、「癒し」があくまでも男女の（それぞれ異なる）欲望の対象として生じてきたことが分かってきました。ここから見えてくる女性像は、消費により自分を癒すイメージ、あるいは、男性を癒す「癒し系」というイメージです。

一方、こうした二〇〇〇年代的な女性像と異なる意味合いを持つあることばが、二〇〇〇年代の終わりから登場し、現在に至るまでメディアで盛んに使われています。それが、「女子力」とか「女子会」という表現に見られる「女子」ということばです。

「女子力」ということばは、マンガ家の安野《あんの》モヨコ氏のエッセイ『美人画報』（一九九九年）や、その続編『美人画報ハイパー』（二〇〇一年）と『美人画報ワンダー』（二〇〇三年）で使ったことによって広まったとされています。

「女子力」は化粧品やエステなど、女性がキレイになるためのモノやサービスへの需要を喚起することばとして使われました。実際、このキーワードが雑誌で初めて使われたのは、大宅壮一文庫のデータベースによれば、「『女子力』つけて、モテる私　女子力のことは達人に学べ！　安野モヨコ式女子力とは？　女子に生まれたからには、キレイになってモテたい」という「ｎｏｎ－ｎｏ」（二〇〇三年三月二〇日号）に掲載された記事でした。

そして「女子会」とは、「女性だけの飲み会や昼食会など、遊びや趣味の会」（『デジタル大辞泉』）のことを指します。これは居酒屋チェーンの「笑笑」が「わらわら女子会」という女性専用のプランメニューを、二〇一〇年から提供したことで人気が出たとされています。女性限定の食べ飲み放題や女子会特別カクテルなどが提供され、このプランは大ヒットしました（この「わらわら女子会」については、第五章でも詳しく説明します）。

これ以降、シティホテルを含め、飲食業界やホテル業界において、高価格帯から低価格帯まで同じような「女子会プラン」が相次いで提供されるようになりました。さらに、二〇一〇年の新語・流行語大賞のトップ一〇に「女子会」がランクイン。このように新しい意味での「女子」ということばもまた、市場を創造したのです。

「女性アナウンサー」から「女子アナ」へ

しかし、「女子」ということばの使われ方は、よくよく考えると不思議です。『広辞苑』第六版によれば、「女子」は、「①おんなのこ。娘。②おんな。女性。婦人。『―大学』↕男子」という意味と説明されています。

「女子力」「女子会」の「女子」ということばは、②の意味で使われています。「大人女子」や「アラフォー女子」といった使い方からも分かるように、「おんなのこ」を意味することばが、成人女性に対して用いられているわけです。①の意味として用いられてきたことばを、あえて②の意味として用いる表現が顕著になっているのです。これは、「小さな巨人」とか「聖なる愚者」のような撞着《どうちゃく》語法（形容矛盾）というレトリックです。

どのようにして「女子」の意味が変化したのでしょうか？　これを明らかにするために、

メディアの言説におけるこのことばの意味の構造と変化を明らかにしました。より具体的には、先ほどの「癒し」の分析と同様に、「女子」というキーワードを含む四万九一四八件の雑誌記事タイトル（一九八八〜二〇一二年）のテキストマイニングを行い、さらには「女子力」の意味構造についても分析しました。この分析内容は二〇一三年に日本マーケティング学会のカンファレンスで発表したものです。

図1―4は、一九八八年から二〇〇七年において、「女子」が含まれる記事タイトルにおけるキーワードの共起ネットワーク（特定のことばがどんなイメージを伴って登場するか分析し、その関係性を視覚化したもの）を示したものです。各キーワードを囲む円の大きさは出現頻度を表しています。従って当然、「女子」というキーワードが大きくなります。

これと関わりの深いキーワードは大別してふたつあります。ひとつは、スポーツに関わるものです。「五輪」「マラソン」「代表」といったオリンピックを中心としたキーワードと、「駅伝」「大会」といったキーワードです。いずれも長距離走に関わるものです。

もうひとつは、女性アナウンサーに関わるものです。「アナ」というアナウンサーの省略形と「女子」との関わりが深く、このキーワードは「人気」や「美女」といったキーワ

図１－４：「女子」記事タイトルにおける
共起ネットワーク（1988～2007年）

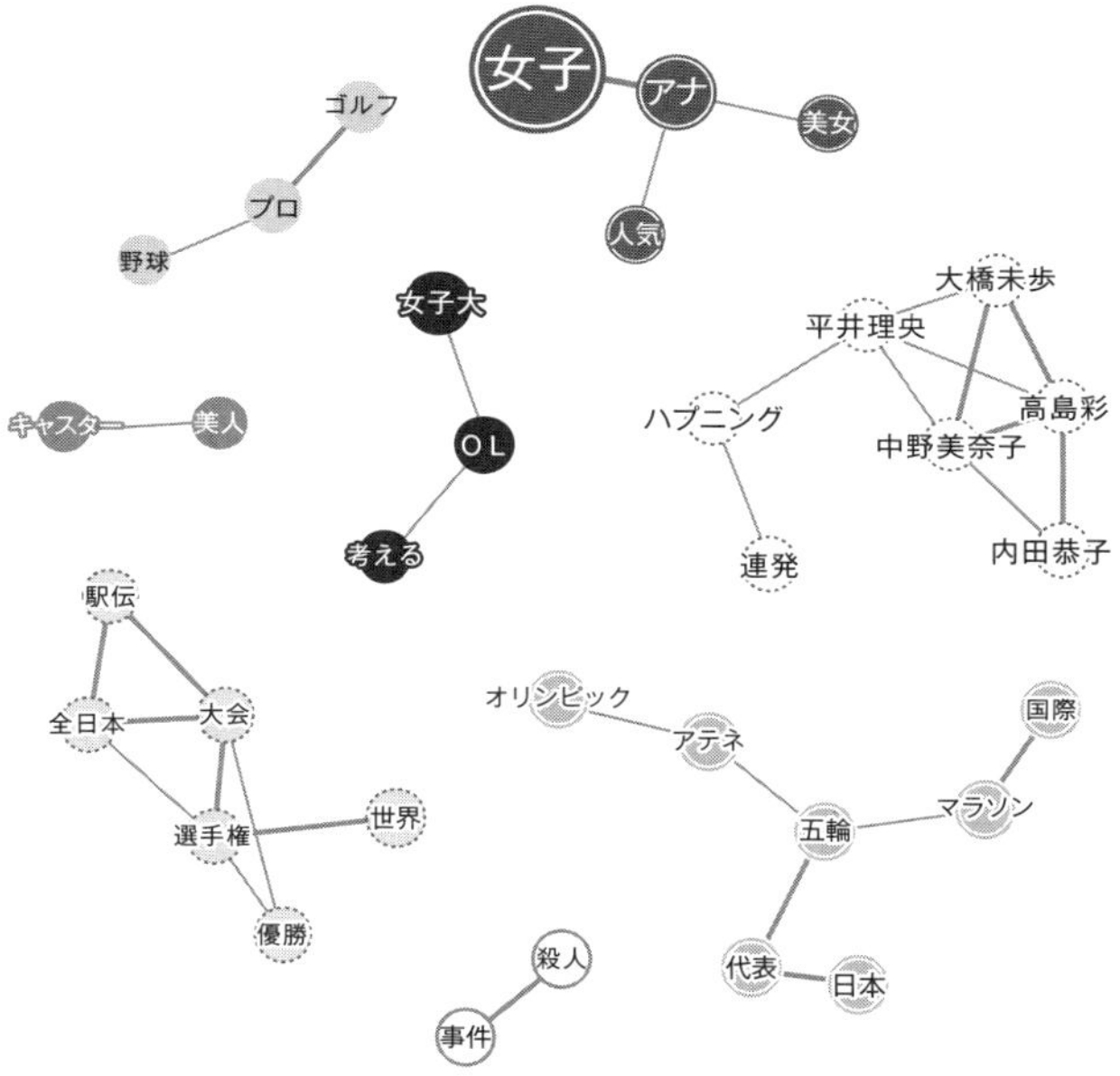

ードと結びついている。また女性アナウンサーの固有名詞もあがっています。

今「女性アナウンサー」と書きました。「女子アナ」じゃないの?と思った人もいるでしょう。しかし昔は「女子アナ」ということばはありませんでした。

例えば、一九八四年にベストセラーになり、「㊎」「ビ」ということばで第一回新語・流行語大賞の流行語部門金賞に選ばれた『金魂巻《きんこんかん》――現代人気職業三十一の金持ビンボー人の表層と力と構造』で紹介された職業のひとつは「女性アナウンサー」でした。この本の共著者である渡辺和博氏は、二〇〇一年に再び『平成ニッポンのお金持ちとビンボー人』という本を出します。この中ではすでに「女子アナウンサー」という職業名になっています。

さて、次に二五年にわたる分析期間を、第Ⅰ期（一九八八～一九九二年）、第Ⅱ期（一九九三～一九九七年）、第Ⅲ期（一九九八～二〇〇二年）、第Ⅳ期（二〇〇三～二〇〇七年）、第Ⅴ期（二〇〇八～二〇一二年）の五つに分け、今度は各時期の共起ネットワークを作成して、意味構造の変化を捉えました。

その結果を簡単にまとめるならば、スポーツをめぐる意味構造が支配的だった第Ⅰ～Ⅱ期と、「女子アナ」をめぐる意味構造が台頭してきた第Ⅲ～Ⅴ期に分けることができます。また第Ⅴ期には、「女子力」という新しいキーワードが見られるようになりました。

二〇一三年頃の『デジタル大辞泉』によれば、この「女子力」とは「きらきらと輝いた生き方をしている女性が持つ力。女性が自らの生き方を演出する力。また、女性が自分の

図１－５：「女子力」記事タイトルにおける形態素の共起ネットワーク

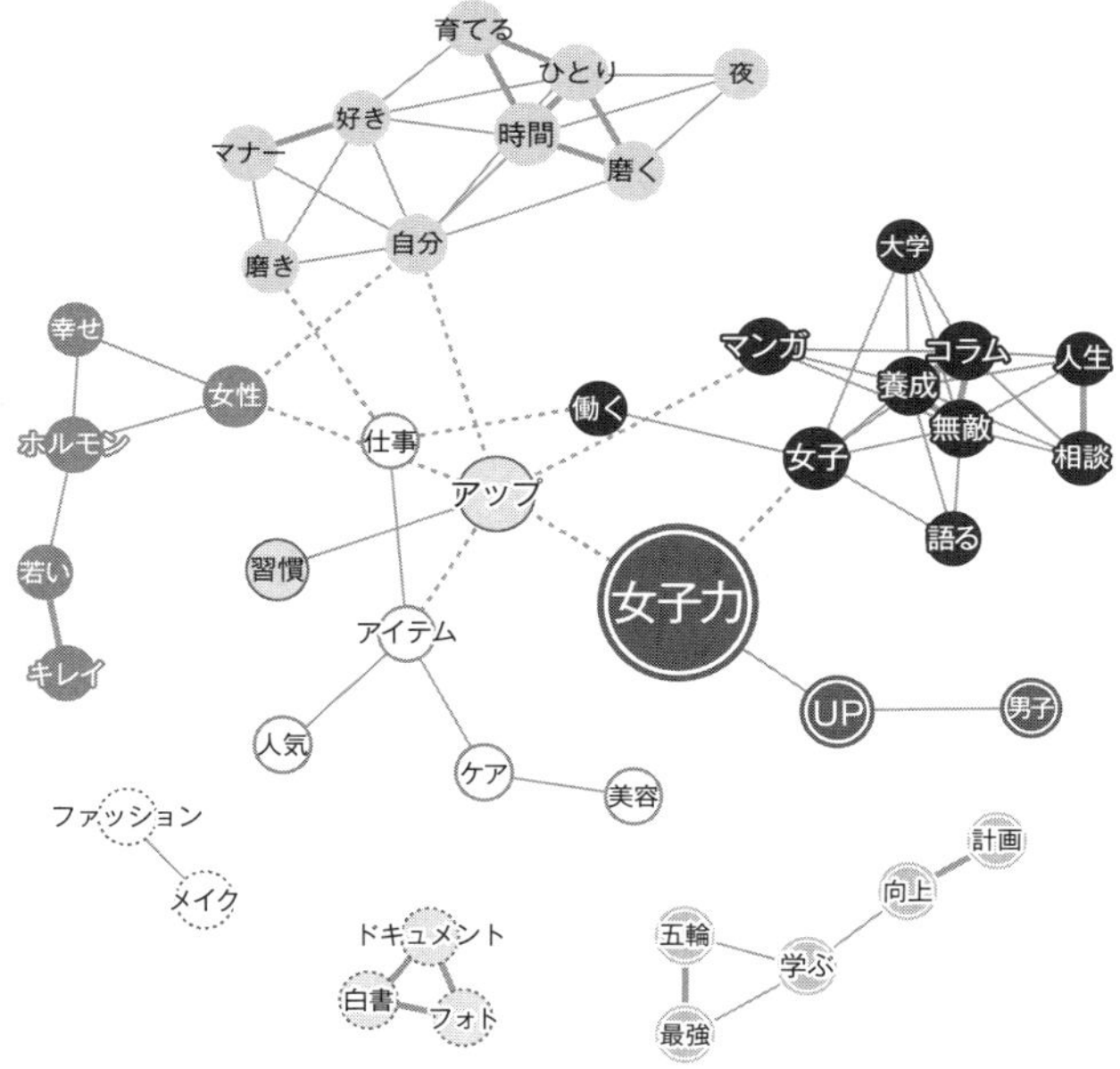

綺麗さ、センスの良さを目立たせて存在を示す力」という意味でした。

　私は「女子力」をめぐる意味構造も明らかにするため、このキーワードが含まれる雑誌記事タイトル六三一件を抽出して、キーワードの共起ネットワークも作成しました。それが図1―5です。

　ここで「女子力」と強く結びついているのは「UP」です。つまり

「女子力アップ」として使われています。これは「美容」と「ケア」、「若い」と「キレイ」、「ファッション」と「メイク」というグループと関連しているように、「女子力」にとっては外見を美しくすることが重要な意味を持っていると分かります。一方で、「学ぶ」と「向上」と「計画」、「自分」と「磨き」と「マナー」など、内面を高めることについての言及もありました。

「女子アナ」から「女子力」へ

このように、「女子」という意味の一九八八年から二〇一二年までの二五年間の変化を見ると、あることに気がつきます。それは「女子」ということばは、まずスポーツをめぐる記事において使われ、ある時期から性的な対象としての意味が台頭してきたということです。実際に「女子アナ」についての記事の多くは、魅力的な女性の代表例として取り上げる男性誌の視点からのものであり、そこには男性からの性的な眼差《まなざ》しが強く反映されていました。

これに対して、第Ｖ期（二〇〇八〜二〇一二年）から顕著に見られるようになった「女子力」ということばが意味するものは何か？　それは女性が高めるべきものであるが、男性に向けて媚《こ》びを売る力ではないということでしょう。実際、「女子会」は男性の不在を前提とする集まりです。

こうした「女子」における意味構造の変遷から見出せるものは、男性からの眼差しを意識しない新たな性役割（sex role）の発露というべきものです。図1―5の中で「男子」というキーワードが他より小さいことに注目して下さい。「女子力」を「アップ」させるというのは、「男性にモテる」ということなど気にせず、むしろ自分がなりたい「女子」を目指すという意味合いが強そうです。

もちろん、メディア言説がそうだからといって、現実に女性が男性の欲望から自立したと楽観的に結論づけるわけにはいかないでしょう。なぜならば、雑誌は、読者層が抱く理想像を描き出すことが多く、そこに描かれていることはタテマエである可能性が高いからです。ただ、「男性からの眼差しを意識しない女性像」は、二〇〇〇年代終わりになるまで、あまり見られませんでした。

こうした新しい女性像は、「女子力」という新しいことばが普及したからこそ、共有されるようになりました。しかし、そのきっかけになったのは、「女子」というすでにあることばが、これまでとは違う意味で用いられるようになったことです。

ありていに言うのならば、「女子」ということばの意味が変わり、多くの人に共有される社会記号化したことで、私たちの世の中に対する認知も変わったのです。ただし社会記号が持つ意味合いは変わることがあります。この分析は二〇一二年までのものです。最近では「サラダを取り分けることができる」のが女子力だ、といった伝統的な性役割という意味合いを見出す人もいるようです。社会記号に見出す意味が人によって違うことがある、ということは、後の章でもじっくり考えてみます。

ことばには市場をつくる力がある

本章のタイトルでは、ハリトシス、加齢臭、癒し、女子という四つのことばを列挙しました。これは、言語学者ジョージ・レイコフの *Women, Fire, and Dangerous Things*（女・火・危険物。邦題『認知意味論』）に倣ったものです。レイコフは同書の中で、「女は火のように激しやすく危険物のようなもの」というイメージが人々に共有されていることから、女と火と危険物の三つには何か共通点があると考えることができる、という一般通念から議論を始めています。

ハリトシス、加齢臭、癒し、女子は、まったく関係のない四つのことばです。しかし、ここには共通点があります。

ハリトシスと加齢臭は、臭うがゆえに人前で恥をかくことのリスクを訴求する、すなわち失敗を避けたいというニーズを人々に抱かせることで、市場を創造しました。

癒しは、リラックスをしたいとか疲れをとりたいというニーズに、新しいことばを与えることで、さまざまな市場を開拓しました。そうした中で、癒しを与える女性を「癒し系」と呼ぶ言い方も普及しました。

女子は、女子力とか女子会という表現に見られるように「癒し系」とは別な女性像を提示して、それに伴って関連市場を活性化させました。

このように四つの社会記号は、ことばの力を使って私たちの生き方を変え、市場の創造を可能にしたという意味では同じであるといえます。「モノを売るにはことばもまた売らなくてはならない」という広告会社ウォルター・トンプソン社の指摘が、ハリトシス、加齢臭、癒し、女子のどれにも当てはまるのです。これが社会記号の持つ力です。

では、どのようなことばが社会記号になり市場を創造できるのでしょうか？　本書を通じて、この興味深い問題について分析していきます。嶋さんには実務家としての立場から、現実に社会記号が市場を生み出すメカニズムを解き明かしてもらい、私は研究者としての立場から、社会記号の理論化を試みてみたいと思います。

第二章　いかに社会記号は発見されるか

——ことばと欲望の考察

嶋　浩一郎

世の中を動かすカギは欲望にあり！

松井さんの「癒し」や「女子」の分析を通じて、いかに社会記号が人々に新しい概念を提供し、世の中を大きく動かすのかということが分かったと思います。そんな社会記号のダイナミズムについて知れば知るほど、そんなことが現実に起こってしまう理由について深く知りたいと思うようになるはずです。

私は「はじめに」で、社会記号のもたらす効果について、「コギャル」を例に説明しました。少しおさらいしましょう。

一九九〇年代後半にコギャルということばができたことで、世間から変な格好扱いされていた女子高生たちに、「私たちはコギャルでよかった」という肯定的な自己確認の気持ちが生まれます。それは、「コギャルになりたい」というあこがれとフォロワーを生み出します。さらに「うちの娘はコギャルだから仕方がない」という周囲の寛容な態度まで広がっていきました。ここまで来ると、コギャルは文化になります。

そうするとメディアはこぞってコギャルを取り上げ、市場にはコギャルをターゲットにした商品が供給され、それがヒットし、ますますコギャルは社会に広がっていく――。

こうした一連の波及効果により、社会記号は世の中をダイナミックに動かしていきます。新しいことばが生まれただけで、これほど大きな影響を社会に与えたのです。どうして、こんなことが起こるのか？

それは、社会記号には「人々の欲望の暗黙知」が反映されているからです。

例えば、「おひとりさま」という社会記号が世の中に広まったのは、「上司や同僚と一緒にご飯を食べに行くのは面倒くさい。それより自分の好きなように外食したいんだけど」という、多くの人が実は抱えていた欲望を、上手《うま》く捉えたからではないでしょうか。「草食男子」という社会記号も、「恋愛したり付き合いで飲みに行ったりするより、家でネットを見ていたほうがいい」という欲望を持つ若者が、ジワジワ増えてきたタイミングでブレークしたといえそうです。

私は社会に流通することばには、人々の欲望の裏付けが欠かせないと思っています。松井さんが「ハリトシス」や「加齢臭」を例に指摘した「従来からあったものが、ことばによって対処すべき課題としてフレーミングされる」という社会記号の役割も、「そうはなりたくない」というみんながことばにできずにいる欲望を体現したものだと考えることができます。

こうした人々の心の中に眠る欲望の発見を、マーケティングの世界では「生活者インサイトの発見」といいます。インサイトを辞書で引くと、「洞察」という意味が登場します。後で説明しますが、人々の欲望は探しにくいものです。だから、それを発見するためには深い洞察が必要になるのです。

隠された欲望であるインサイトを捉えることは、企画に携わる人にとってもっとも重要な作業だといえます。商品開発をする人、コンテンツをつくる人、広告をつくる人にとって、社会記号について知ることが重要な理由が、ここにもあります。

では、どうしたら人々のインサイトを捉えることができるのか?

実は、これがものすごく難しいのです。

レクター博士に学ぶ欲望の正体

生活者インサイトを発見することは、簡単なことではありません。なぜなら自分の欲望に自覚的な人はそう多くないからです。欲望は言語化するのがとても難しくて、「私はこうしたい」と自分の欲望を明確にことばにできる人が、なかなかいないのです。

人間が欲望を言語化できない具体的な事例を見ていきたいと思います。アメリカのグーグルは世界中の文献を読み込ませて人工知能を開発したり、自動運転の車を開発したり、まさに世界をリードするＩＴ業界の巨人です。しかし、二一世紀になりたての頃、彼らはひとつの問題を抱えていました。それは「求人」です。

もちろん、当時もグーグルは知られた存在でしたが、就職を考える理系学生にとってマイクロソフトやヤフーも魅力的な選択肢でした。あるいは自らスタートアップを立ち上げたり、スタートアップに参加する学生もいたでしょう。そうした熾烈な人材獲得競争の中で、グーグルは優秀な理系学生たちを是非採用したかったわけです。

この課題解決に挑んだのが、クリエイティブ・エージェンシーのクリスピン・ポーター＆ボガスキーでした。彼らはウェブ広告を展開するのでも、テレビＣＭを展開するのでもなく、「{first 10-digit prime found in consecutive digits of e}.com」とだけ記した横断幕やビルボードをマサチューセッツ工科大学やスタンフォード大学など、優秀な理系学生を擁する大学の近くの駅やハイウェイに掲出しました。グーグルという企業名は一切書かれていません。

実はこの文章は複雑な数式であり、日本語に訳すと「自然対数の底 e の中で最初に出てくる連続した一〇桁の素数.com」となるそうです。私にはさっぱり意味が分かりませんし、読者のほとんども意味が分からないのではないでしょうか。しかし、グーグルが採用したい優秀な理系学生はこのメッセージを見て、その意味を瞬時に理解したそうです。しかも、「この難問はオレが解く!」とばかりに、我先に自宅へ向かったといいます。

文章の最後には「.com」と記されています。これはウェブサイトが存在することを示唆しています。このサイトで実際に正解を入力してみると、それがグーグルの採用ページにつながっているという仕組みです。こうしてグーグルは、多くのエンジニアをこのキャンペーンで採用したそうです。

この広告は生活者のインサイトについて、さまざまな気づきを与えてくれます。クリスピン・ポーター&ボガスキーは、優秀な理系学生は「難問があったら解きたくなる」という欲望を持っていることに気がついたから、このキャンペーンを展開したわけですが、当の理系学生は、「オレたちは難問を解きたいんだよね」とブログに書いていたわけではないし、そうした欲望があることを自覚していたわけでもないでしょう。広告の制作者たちは、あくまでも学生を観察して、本人たちも言語化していない「難問を解きたい」という欲望を発見し、そして、それが当たっていたわけです。

人間は自分の欲望を言語化することなく無自覚に日々を送っています。こうした人間の欲望のあり方について、『羊たちの沈黙』の登場人物、ハンニバル・レクター博士がとても的確な指摘をしています。

「われわれの欲求はどのようにして生まれるんだい、クラリス？　われわれは欲求の対象になるものを意識的に探し求めるのかね？　よく考えてから答えたまえ」

「ちがいますね。わたしたちはただ――」

「まさしくちがう。そのとおりだ。われわれは日頃目にするものを欲求する。それがはじまりなのさ」

（高見浩訳）

このレクター博士の考え方を思想家の内田樹《たつる》さんは、ブログの中で「欲望というのは自存するものではなく、『それを満たすものが目の前に出現したとき』に発動するものなのである」とまとめ、欲望の偶然の一致に関して説明しています。

レクター博士のことばは企画やマーケティングの仕事をしている人であれば、なんどでも噛《か》み締めたいことばです。

ここでレクター博士はふたつの指摘をしています。ひとつは、「人間は自らの欲望をそう簡単に言語化できない」ということ。つまり、人間は実は不器用で、自分が何を欲しているか自覚的でないということです。

もうひとつは、「そのくせ、人間の欲望はとんでもなく都合がいい」ということです。私たちはこれまで目にしたことがなかったものでも、それが目の前に出現すると、あたかも以前からそれが欲しかったかのように振る舞うのです。

例えば、ウォークマンが発売される前に、「歩きながら音楽を聴きたい」という欲望を多くの人たちが言語化できていたでしょうか？　なんとなく考えていた人はいたかもしれませんが、はっきり口にしていた人はほとんどいなかったはずです。だからウォークマンの製品化に対して、ソニーの社内では反対の声のほうが多かったといいます。ところが、実際に発売されると大ヒット。

あるいは、スターバックスが日本に上陸する前に街頭アンケートをしても、「美味《おい》しいコーヒーが飲めて、ゆったり作業ができるカフェがあれば五〇〇円以上払ってもいい」と答える人はいなかったでしょう。しかしこちらも、いざ上陸してみたら、やっぱり多くの人が店に殺到しました。

このように、人間は欲望を言語化できないにもかかわらず、それに応えてくれるものを目の前に出されると、さも以前から求めていたかのように、「そうそう、これが欲しかったんだ！」と都合よく手を伸ばすのです。

ウォークマンもスターバックスも、今から振り返れば、「どうしてこんなにいいものを、他の誰も思いつかなかったのだろう？」と感じるかもしれません。しかしそれらが存在しない時点で、「人々がそれを求めているはずだ」という裏付けを得るのはとても難しいのです。なぜなら、生活者自身に尋ねても、自分が欲しいものをはっきりことばにできる人など、まずいないからです。

私は先ほど、社会記号には「人々の欲望の暗黙知」が反映されている、と言いました。暗黙知とは、具体的なことばにできないけれど、心の中にはあるぼんやりとした知識のことです。レクター博士の言うとおり、人間は不器用なので、なかなか自分の欲しいもの、やりたいことを言語化できない。具体的なものを目の前に出されて初めて、「これが欲しかった！」と言う。それが欲望の実態です。

ウォークマンやスターバックスは商品によって人々の曖昧な欲望を具体化しましたが、社会記号は、ことばによって欲望を具体化し、人々に何らかのアクションを促します。

だから商品開発をする人、コンテンツをつくる人、広告をつくる人が、自分の企画をヒットさせたければ、当の本人はことばにできない、でも、心の奥底にはある「実はこれが欲しい」という無自覚な欲望（インサイト）に先回りして応えてあげることが欠かせないのです。

しかし、「言うは易《やす》く行うは難し。人々に「何が欲しい？」と聞いても、明確な答えが得られるわけではないですからね。でも世の中には、人々が言語化できない欲望を発見し、具体的なことばにすることが得意な人たちがいます。

その代表格は、雑誌の編集者たちです。

雑誌の持つことばの力

最近は「オールドメディア」と称されることも多い雑誌は、実は社会記号を生み出すことがとても得意なメディアです。テレビやネットなどよりもずっと得意といっていいでしょう。

例えば、光文社の「美STORY」(現「美ST」)は、「美魔女」ということばを生み出し、社会的なブームをつくり上げました。「アラフォーになっても自由に生きていたい」という女性たちの新しい欲望の萌芽《ほうが》を、「美魔女」ということばで顕在化してあげることで、読者から「そうそう、これが私のしたかったことなのよ!」と熱烈に支持されました。

最近だと、同じく光文社の「VERY」も、「イケダン」ということばをブームにしました。「イクメン」からさらに進んで、「仕事をバリバリこなしながら家庭も大切にする旦那はイケている」と言い切ったんですね。そうすることで、「夫に育児参加してほしいけど、かっこいいままでもいてほしい」というママたちの潜在的な欲望に応えたわけです。

雑誌は一九九〇年代から、こんなふうに読者の欲望を捉えることばを続々生み出してきました。世の中の変化を先取りして表す象徴的なことば――つまり社会記号――を生むことが、読者を引きつける魅力の源泉になっているのです。

なぜ、雑誌の編集者が社会記号を生み出すことに熱心なのか?

それは、人間が潜在的な欲望を言語化してくれるプレイヤーに感謝し、親近感を覚えることを、彼らは経験的に知っているからです。私はレクター博士のことばを引用して、「人間の欲望は都合がいい」と書きました。読者は自分がそれまで言語化できなかった欲望が目の前に具体的な形になって登場すると、あたかも今までそれが欲しかったかのように振る舞います。

重要なことは、読者が「なんでこの雑誌、自分の思っていることが書いてあるのだろう」と都合よく思うと同時に「この雑誌は自分のための雑誌だ」とファンになってくれることなのです。つまり、雑誌編集者は読者の潜在的な欲望を言語化して提示することで新たなファンを獲得できることを知っているのです。

また、編集者は新しい概念が世の中に広まると、そこに新しい市場も生まれるということも経験的に知っています。例えば、「ＶＥＲＹ」は女性ファッション誌なので、普段はビールの広告はなかなか入りません。しかし、「イケダン」に関するページをつくれば、「イケダンのためのご褒美」のような文脈でビールの広告集稿が可能になるのです。すると「ＶＥＲＹ」がイケダンということばをつくり、それが読者に受け入れられる。「自分もそんな夫が欲しい」というフォロワーが生まれ、新たな読者層が広がっていきます。イケダンという文化を共有するひとつのコミュニティが誕生するわけです。それは世の中の新しい欲望を先取りした生活者の集団です。企業はこのコミュニティを対象に新たな提案をすることができます。新しいことばが媒体の部数を増やし、広告の可能性も広げていくのです。

光文社の雑誌の他にも、主婦と生活社の「ＬＥＯＮ」は「ちょいワルおやじ」、小学館の「ＣａｎＣａｍ」は「エビちゃんＯＬ」といった社会記号を生み出しました。いずれも雑誌が売れただけでなく、たくさんのフォロワーを生む大ブームまで巻き起こしたことを覚えている方は多いでしょう。

「はじめに」で社会記号の例として取り上げた「コギャル」ということばも雑誌が発掘し、

他のメディアに引用されることで世の中に広まりました。もともと女子高生たちの間で使われていた俗語だったコギャルを、社会記号として定着させたのが主婦の友社の「Ｃａｗａｉｉ！」（二〇〇九年に休刊）だったのです。同誌はギャルブームを牽引《けんいん》する雑誌として、渋谷が中心だったギャル文化を全国区にしました。

ターゲットが絞られていると人々の変化を見つけやすい

このように雑誌が社会記号を生み出すことが得意なのは、ターゲットが特定の年齢や社会的属性に限られているメディアだからだと考えられます。

メディアの中で使われることば遣いひとつとっても分かります。女性ファッション誌には、「モテかわ一週間コーデでセレブ気分」とか「甘辛トップス」などの見出しが並びます。読者ではない一般の人にとっては意味不明なことば遣いでも、読者にはビンビン響くことばなのです。でも、不特定多数の人が読むネットニュースで同じ見出しを使ったらどうでしょう？　おそらく即炎上して、「甘辛ｗ」、「セレブ藁」といったネガティブな書き込みにあふれてしまうことでしょう。

雑誌とは、その世界観に同意した人がお金を出して楽しむためのメディアです。だから、その世界のことを分かっている人に向けてジャーゴン（専門用語）を使ったほうが、スムーズにコミュニケーションができます。「ＢＲＵＴＵＳ」に「フランク・ゲーリーらしい建築」と書いてあっても、読者は一瞬で意味を理解してくれます。「そもそもフランク・ゲーリーとは何者か？」なんて説明を始めてしまったら、「ＢＲＵＴＵＳ」読者にはかえって読みづらい印象を持たれてしまいます。

一方、ネットニュースの多くは無料であり、読者層を限定していません。ネットニュースにはマニアックなイメージがありますが、実際は逆なのです。書かれるネタはマニアックでも、掲載される記事はいつ誰が読んでも分かるように、語り口は非常に一般的な表現になっています。テレビも不特定多数が目にすることを前提としているので、事情は似ていますね。

雑誌はターゲットが絞られているので、その読者層に響くことばであれば、普通の人が分からないような表現でも積極的に使っていきます。そういう雑誌のメディアとしての独特なポジションが、多くの社会記号を輩出する場として機能してきた理由ではないかと私は分析しています。最初は読者向けに開発されたことばが、他のメディアやネット上で引用されて広まっていくのです。

「読調（ドクチョウ）」は編集者の義務

雑誌編集者の多くは媒体が新たな社会記号を打ち出すことで、読者の共感を獲得し、新たな読者層を開拓して広告集稿も伸ばす可能性を認識しているわけですから、読者がまだ気がついていない欲望の発見のために、さまざまな試行錯誤を繰り返してきました。

例えば、光文社の女性誌には代々、「読調（ドクチョウ）」と呼ばれる読者調査の仕組みが編集者の義務として受け継がれています。ベテランの編集長から新入社員まで、週に何回か読者に会い、直接会話し、誌面について率直な意見を聞きながら、読者の本音を探っていくのです。形式的なインタビューではなくリアルな生声を収集するために、ママ友の集会や、ＯＬの女子会などに編集者が参加する形で「読調」が行われています。

そういう読者調査を繰り返していくことで、初めて子連れで公園に行くことは、ママにとってすごく大事なんだとか、白金に住んでいるマダムがあこがれの対象になっている、などの実態が見えてきたのです。その気づきから「公園デビュー」や「シロガネーゼ」といった社会記号をつくり、彼女たちを応援するライフスタイル提案をしてきました。

この「読調」があるから、光文社の雑誌は社会記号を連発できるのだといっても過言ではないでしょう。読者の潜在的な欲望に対して、「あなたが欲しいのはこれですよね？」と新しいライフスタイルをキーワード化して提示してあげる。ターゲットが限定された読者層を継続的に調査していくことで、ちょっとした変化も見逃さず、新しい欲望の胎動をとらえ、それを顕在化させていくわけです。

同じように、光文社以外の雑誌でも「ＬＥＯＮ」は三〇〜五〇代男性、「ＣａｎＣａｍ」は二〇代の女性、「Ｃａｗａｉｉ！」は女子高生というように、読者層が限定されています。その読者層と日々真剣に向き合っているからこそ、彼らのちょっとした変化を敏感に察知できる。そういった土壌があるために、雑誌は社会記号を生み出しやすいのです。

かつては広告も社会記号を生み出した

雑誌は一九九〇年代から多くの社会記号を輩出します。もちろん、それ以前にも「アンノン族」や「Ｈａｎａｋｏ世代」など雑誌は社会記号をつくり出しましたが、八〇年代には、広告も多くの社会記号を生み出しました。

例えば、「カエルコール」。これは一九八五年に放映されたＮＴＴのテレビコマーシャルから生まれたことばです。帰宅する前に家に電話をすることを提案したわけですが、当時実際に「カエルコール」をする人たちが多数現れました。また「朝シャン」ということばも一九八七年にオンエアされた資生堂のコマーシャルから生まれた社会記号です。それが広まったことで、女子高生を中心に朝シャンプーをする習慣が広がりました。

インターネットが登場する九〇年代までテレビはメディアのキングであり、とてつもない影響力がありました。婿入り旦那を総称する「マスオさん」や、マザコン男性を表す「冬彦さん」などアニメやドラマなどのテレビ番組から生まれた社会記号も少なくありません。

しかし、九〇年代になると広告、特にテレビコマーシャルから生まれる社会記号は次第に少なくなってきました。九〇年代中盤からのネットの台頭によってテレビの圧倒的な影響力は次第に弱まり、雑誌や新書などの書籍に社会記号発生の場が移って行ったのです。

全国民が知るヒットソングが無くなり、一部の人たちの間でヒットした曲がヒットチャートの常連となる時代ともリンクしています。

博報堂生活総合研究所は、この状況を「大衆の時代から分衆の時代へ」と分析しました。つまり、みんなが欲しいものを求める「大衆の時代」は終わり、他人と違うものを求め、その趣味嗜好《しこう》が合う人々の小規模な集団が乱立する「分衆の時代」になったということです。そんな分衆をターゲットにする雑誌が人々の新しい欲望を捉える装置として機能し、社会記号を生み出すメインプレイヤーになっていったのです。

アマゾンに負けないリアル書店の強み

ここ数年、「ビッグデータ」ということばがマーケティングの世界でブームになっています。インターネットの普及によって、人々の趣味嗜好や行動がつぶさに観察できるようになりました。その膨大な規模のデータを丁寧に分析していけば、人々の求めるものが予想できるのではないか。そういう考えがビッグデータの流行の背景にあります。

グーグルのチーフ・エコノミストが「二一世紀のもっともセクシーな職業は統計学者で

ある」と言いました。まさに、統計からは今まで知り得なかった欲望と欲望の相関関係があぶり出されます。例えばAという商品を好む人はBという商品が好きな傾向が高いということが分かります。そうするとAという商品を買った人にBの割引クーポンを提供するなど、今までやれなかった新しいマーケティングが可能になるわけです。

このような統計データを分析する仕事に比べると、光文社の女性誌編集者がやるような読者調査による欲望の発見は、いかにも地味で、コンピューターを駆使した分析のほうが正確な予測を得られるように感じられます。

しかし、私は雑誌編集者のターゲット分析はビッグデータに負けない側面もあると思っています。雑誌は言語化できない欲望に先回りして、「これが欲しかったんでしょう?」と提案することを得意とするメディアです。しかし統計データから見えてくるのは、すでに言語化されている既知の欲望の集積にすぎません。データになっている時点でその行動は過去のものなのです。

例えば、アマゾンはユーザーの購買履歴に応じて、「この商品を買った人はこんな商品も買っています」とおすすめしてくれます。とても便利な機能で、意外な発見もたくさんあります。本を買うならアマゾンがあれば十分で、リアル書店は消えてしまうだろうと言う人までいるほどです。

私は下北沢で「B&B」という小さな本屋の経営もしていますが、よく「アマゾンがあるのに、なんで今さら本屋をつくったんですか？」と聞かれます。私にとってアマゾンとリアル書店は似て非なるもので、それぞれいいところがあって、使い分ければいいと思っています。

皆さん経験があると思いますが、いい書店に行くと、買うつもりがなかった本までつい買ってしまうことがありますよね。それはなぜか？

書店という小さな空間の中で、さまざまなコンテンツを一気に見せられると、人間は好奇心をあらゆる角度から刺激され、「そうそう、これが欲しかった！」という瞬間が訪れます。哲学の本がある、ガーデニングの本も、料理の本もある。そういう情報のシャワーを浴びることで、自分自身が自覚していなかった欲望が、ふわっと言語化されるわけです。それは新たな社会記号との出会いと同じです。だから、買うつもりがなかった本まで買ってしまう。そういう書店に出会うと、私たちは「いい本屋」と呼びたくなります。前に説明したように、人間は自分の潜在的な欲望を言語化してくれるプレイヤーに感謝し、好きになるからです。

雑誌がやっていることは、これと非常に似ていると思います。

ビッグデータでインサイトはつかめない

ある書店を「いい本屋」だと感じるのは、自覚していない欲望に気づかせてくれるからです。雑誌も同じように、読者が「いい雑誌」と感じるのは、自覚していない欲望に気づかせてくれる瞬間です。本屋は書店という限定された空間を通してですが、雑誌は誌面を通して、読者の無自覚な欲望を顕在化してくれます。

一方、ネット書店がどれだけ便利でも、そこに特別な愛着を抱く人はあまりいないでしょう。これは検索も一緒で、検索機能がどれだけスムーズでも、あくまでインフラとして認識している人が多いと思います。

ここで重要なのは、人はすでに言語化した欲望に応えてくれるプレイヤーには、あまり感謝しないということです。

私たちはアマゾンで、例えば村上春樹の小説を買ったとしても、そこに村上春樹の小説があるのは当たり前だと思っています。しかしリアル書店で、もともと買うつもりがなかったのにピンと来る本を見つけたら、「この本屋にはなんだか自分の好きな本がある」とうれしくなり、感謝するようになります。こういう関係をお客さんと築くことができる書店はとても強いと思います。これはそのまま雑誌の強さの秘密でもあります。

人は自分が言語化できなかった欲望を言語化してくれる人にとても感謝します。「美魔女というライフスタイルはどうでしょう?」と問いかけた「美ＳＴＯＲＹ」に、読者である女性たちは都合よく、「そうそう、そういう生き方を望んでいたのよ」と感じ、自分が心の奥底では望みながらも、上手く言語化できなかった欲望を、新しい価値観として提案してくれた同誌のことを好きになったのです。社会記号が人々を魅了する理由がここにあるのです。

このように雑誌は、読者のインサイトを発見して言語化し、社会記号として提案します。

もちろん、女性誌が夏前になるとダイエット特集を組むように、すでに顕在化している欲望(この場合は「夏の前に痩せたい」)に応えることもあるでしょう。しかし、顕在化している欲望に応えても、あまり読者からは感謝されません。検索で「ダイエット　方法」と検索して答えが得られても、ユーザーは普通のことだと思ってしまうのと同様です。

それよりも「美魔女」や「イケダン」のように、「実はこれが欲しかった」というインサイトに応えてくれる提案のほうが、読者にとっては魅力的で、はるかに価値が高いのです。

ビッグデータの解析は欲望と欲望の知られざる関係を明らかにすることはできますが、生活者の心に眠る欲望を探り出し言語化することは今のところできません。インサイトの発見には編集者がしているようなターゲットの観察が不可欠なのです。

ビジネスチャンスは「文句」にあり

しかし、あなたが何か商品やサービス、あるいはコンテンツの企画をするときに、単にユーザーからヒアリングするだけでは、インサイトを発見することは難しいでしょう。なにしろ人間は自分の欲望を言語化できていないわけですから。そこには、ちょっとしたコツが必要なのです。

前述の「美魔女」ブームの仕掛け人で、「美STORY」の初代編集長を務めた山本由樹さんは、同誌創刊のきっかけが読者調査における何気ないひと言だったと、著書『欲望」のマーケティング』で次のように振り返っています。

『美ST』創刊以前のことです。『STORY』の編集長をしていた私は、45歳以上の読者離れの問題に頭を悩ませていました。そこで、ジャスト45歳の読者3人にグループインタビューをしたことがありました。

その時、成城在住の専業主婦の方がこんなことを言いました。

「最近はファッションより美容にかけるお金が増えてきました」

当時『STORY』は、より流行に近いファッションの方が、読者が若返れるという判断で、表紙モデルを若返らせ、ファッションも実際の読者年齢より下げていたのですが、狙いに反し、彼女は「ファッションを若くすると顔の老いが逆に悪目立ちするような気がする」と言って「美容にお金をかける」と言うのです。

このひと言が「黄金のひと言」でした。

山本さんの言う「黄金のひと言」とは、ふとしたときに漏れる本音のことばです。山本さんは、「最近、ファッションよりも美容にお金をかけている」という何気ないひと言を逃さず、「ファッションよりも美容に関する情報が欲しい」という四〇代女性たちのインサイトを発見しました。それがビューティー誌「美ＳＴＯＲＹ」の創刊につながり、後の美魔女という社会記号の発見につながっていきます。

ユーザー（あるいはユーザーだと想定される人々）への調査が重要だといっても、ただ一方的に質問し、答えてもらうだけでは本音を捉えるのは難しい。ではどうすればいいか？

山本さんの体験からは、ある学びが得られると思います。

それは、人の本音は「文句」に現れるということです。

私が立ち上げメンバーのひとりになった「本屋大賞」という、全国の書店員がその年いちばん売りたい小説を選ぶ賞があります。この賞は二〇〇四年の設立以来、受賞作のほとんどがミリオンセラーになるほど影響力のある企画となりました。

どうしてそんなに上手くいっているのかというと、この企画が、何よりも書店員のインサイトに応えているからだと思います。

本屋大賞を始める前に、私は博報堂で、この賞を一緒に立ち上げることになる本の雑誌社のウェブサイトを制作しつつ、「広告」という雑誌の編集長をしていました。雑誌を少しでも売ろうと都内の書店を回ってポスターを配っていたときのことです。「なんであの本が直木賞に選ばれるんだ!?」という〝文句〟があちこちの書店から聞こえてきたのです。「本の雑誌」では書店員を集めての座談会も開催しました。「じゃあ、どんな本が選ばれてほしいの?」と尋ねると、知らない作家の本がどんどん出てくる。それなら書店員の投票で大賞を決めたら、自分が面白いと思う本を売りたい書店員さんにとっても、自分が知らない面白い本に出会いたい読者にとっても、どちらにもうれしい企画になるはずだ、ということで、同じように考える書店員の有志たちと立ち上げたのが本屋大賞なのです。

ここには人々のインサイトをいかに発見するか、そのヒントが含まれています。

欲望は自覚できない。だから言語化もできない。でも文句は言える。文句は欲望の裏返しのことが多いのです。本当にしたいことがあるから、人は文句を言うわけです。「なんであの本が直木賞に選ばれるんだ!?」という文句は、「自分には別に売りたい本がある」

という欲望を表していたのです。

もし、同じような文句を言う人が一〇人いたら、そこにはビジネスチャンスがあると考えていいでしょう。あとはその欲望、つまりインサイトを受け止める装置をつくってあげればいいわけです。これが、本屋大賞がヒット作を生み出すことができる理由だと考えています。ワークする企画やコンテンツはターゲットのインサイトをつかんでいるのです。

クレームこそビジネスチャンスといいますが、私は人々の「何気ない文句」にこそインサイト発見のチャンスがあると思っています。

日常の違和感に敏感であれ

生活者インサイトを発見するために、何も特別なスキルは必要ありません。人々の話をよく聞き、人々の行動をよく観察すればいい。そのひとつが人の文句です。同様に、日常風景に感じる違和感も、インサイトを発見するためのきっかけになると私は考えています。

私たちの日常生活にはさまざまな違和感が潜んでいます。「最近、ひとりで吉野家に行く女性が多いな」「最近、美容に気を遣う四〇代の女性が増えているな」「最近、ベビーカーを押している若いお父さんをよく見るな」……。そうした今までの日常風景とちょっと異なる違和感を捉え、社会記号として発信したものが、「おひとりさま」であり「美魔女」であり「イケダン」でした。

雑誌の編集者たちは、決して誰も気がつかないような現象に目を向けたわけではありません。「おひとりさま」も「美魔女」も「イケダン」も、その予兆は私たちの日常にすでに現れていました。きっと誰もが「おひとりさま」という社会記号が誕生する以前におひとりさま予備軍の姿を目撃していたはずです。しかしほとんどの人がその違和感に気づいてもスルーしてしまったのです。もしかしたら、その違和感を覚えた日常風景にものすごく重要なインサイトが隠れているかもしれないのに。

今では当たり前のものとなったコンビニのおにぎりだって、販売にあたっては当初、反対意見のほうが圧倒的だったそうです。日本で最初にコンビニでの取り扱いを始めたのはセブン‐イレブンです。当時の社長・鈴木敏文氏のトップ主導による企画でしたが、社内では猛反対に遭ったと、鈴木氏は「ダイヤモンドオンライン」の「今月の主筆」で振り返っています。

今では当たり前にどこのコンビニでも売っているおにぎりも、実は周囲の反対を押し切って開発した商品だ。売り出した当時（1978年）は、家の外で売っているのは駅弁ぐらい。お弁当といえば朝に炊いたご飯を弁当箱に詰めて、おかずは夕食の残りというのが当たり前だった。「売れるはずがない」と多くの人から言われたし、反対を押し切って発売してみても、実際に最初の頃は、1日に1店舗当たり2〜3個しか売れなかった。

だが、私には確信めいたものがあった。一つは、食堂の利用者がだんだん増えていたという事実だ。デニーズの日本展開を手がけていたこともあり、外食チェーンを利用する人が増えるという変化の兆しを見つけていた。お昼を外食で済ませるような時代が来るならば、コンビニのおにぎりやお弁当もみんなが買うようになるはず。私は、そう仮説を立てた。

その後の大成功は皆さんご存知でしょう。おにぎりは今やどこのコンビニチェーンでも扱う人気商品となりました。そんな国民的ヒット商品を企画するきっかけになったのも、「最近、自宅で食事をせずに食堂を利用する人が増えているな」という日常風景に潜む違和感だったのです。猛反対していた人々は、「家庭でつくれるようなものをわざわざ買うわけがない」という思い込みに囚《とら》われ、この違和感を重要視していなかったそうです。

日常の違和感はあらゆるところに潜んでいます。例えば、ここ数年、ゲームセンターに出入りするシニア世代をよく見かけるようになりました。「若者の遊び場」といったイメージを持っている人も多いかもしれませんが、あまりお金をかけずに長居ができるゲームセンターは、ゲームをするだけの場所ではなく、シニアのお客さんが「ここに来れば誰かと会える」と安心できる公園のような場所へと変わりつつあるのです。

シニア向けサービスを充実させるゲームセンターも増えました。血圧計や畳のベンチを置く店があれば、愛知県にはラジオ体操まで実施している店もあるそうです。年々店舗の減少を続けるゲームセンターが、厳しい環境を脱出するきっかけとしてシニア世代に期待しています。ゲーム業界もこの変化に目をつけました。シニア世代が集まるゲームセンターで、高齢者限定のゲーム大会を行うなど、ゲームの新たなユーザー層としてシニア世代を開拓しようとしているそうです。

日本全体が少子高齢化していく中で、この目のつけどころは素晴らしいと思います。これも「ゲームセンターは若者のための場所」という思い込みに囚われ、「最近、ゲームセンターにシニア世代が来ているな」という違和感をスルーしていたら、発見できなかったインサイトだったかもしれません。

日常の違和感を敏感に捉え、なぜ今までとは違う行動をその人たちがとっているのかフラットに考えていく。そうすることで、私たちは生活者のインサイトに近付けるのです。

企業が考えるインサイトは生活者とすれ違う

企業の商品やサービスはもちろん生活者のインサイトにあわせて開発されているわけですが、企業側が「生活者がこう望んでいるはずだ」と思っていることが生活者の実情にあっていないことが多々あります。なかには企業側の意図が生活者のニーズとまったくすれ違っているケースもあります。

グループ・インタビューやウェブ調査をさんざん繰り返し、生活者の意見を吸い上げたと思っていたのに、開発された商品やサービスが見向きもされないこともあります。いったいなぜ、企業側は生活者の欲望を捉えられないのでしょうか？

企業側の人間は知らず知らずのうちに、ついつい自分たちの商品やサービスの機能や特徴がきっと生活者の役に立っていると思い込んでしまう傾向があるようです。確かに、その商品の特徴だけを取り出して、生活者に「便利か、便利じゃないか」と二択で問えば、「便利だ」と答えるケースが多いとしても、実際の生活でその機能がワークするかはまったく別の問題です。この企業側の一見、生活者のことを考えているように見えるけれど、実は自社の「技術オリエンテッド（重視）」でしかない発想が、インサイトを捉えづらくしている大きな要因かもしれません。

例えば、ファミリーレストランには「ドリンクバー」がありますよね。皆さんご存知のとおり、多くの店舗にはもはやデフォルト状態で設置されています。飲食店の経営者の立場からしたら、合理的に考えて、ドリンクバーはお客さん向けのサービスとして、たいへん優れているものだと思います。なにしろ、お客さんはコーラから烏龍茶《ウーロンちゃ》まで好きな飲み物を選べるわけですから。また、飲む量も自分で調整できます。

このように、飲食店の経営者にとっても、お客さんにとっても、ドリンクバーは非常に便利な機械に感じられます。しかし、本当に誰にとってもそうでしょうか？

最近、名古屋発祥の「珈琲所 コメダ珈琲店」がシニアに人気です。

私も実際に行ってみたのですが、コーヒーを飲みながら新聞や雑誌を読んでいるシニアの方々を多数目撃しました。「なぜ、コメダ珈琲はシニアを惹《ひ》きつけるのだろうか？」。いろいろと理由を考えてみて、私は「コメダ珈琲にはドリンクバーがないからではないか」という仮説を立てています。

自分の好きな飲み物を、好きなだけ飲むことができる。だからドリンクバーは便利だし、誰からも喜ばれるはずだ――。私たちはついそう考えてしまいます。しかし、コメダ珈琲に通い詰めているようなシニアの人は、わざわざドリンクバーに行って、たくさんの飲み物から自分が欲しいものを選ぶより、「そういうのは面倒なので、席に着いたら全部そこで注文がすむようにしてほしいんだよね」と思っているかもしれません。だから、ドリンクバーがないコメダ珈琲を居心地のいい空間だと（半ば無意識に）感じている。

コメダ珈琲がシニアにヒットしている理由は、メニューの見やすさなどさまざまな要因もあると思うのですが、ドリンクバーにわざわざ行かなくていいという理由は大きいのではないか。コメダ珈琲に集うシニアの方々を観察することで、そんなインサイトがぼんやりと見えてきたのです。

合理的に考えると優れた顧客サービスであるドリンクバーも、シニアの方にとっては逆に面倒な仕組みに見えていたのかもしれない。メーカー側と生活者の気持ちがすれ違うひとつの事例だといえます。

一方で、そんなメーカーの開発発想と生活者の思いのギャップを逆手にとってマーケティングに上手に活用した例もあります。それが日清食品のどん兵衛のキャンペーンです。タレントのマキタスポーツさんはどん兵衛のきつねうどんの大ファンだそうで、メーカー推奨の熱湯を注いで五分待つつくり方よりも、実は一〇分待って食べたほうが美味しいのだとラジオで話したりブログに書いたりして、これがＴｗｉｔｔｅｒなどのＳＮＳで大きな話題になりました。いわば、メーカーの意図と異なるつくり方を広めたわけです。

日清食品がすごいのは、ここでどん兵衛開発者の方がマキタスポーツさんとの対談を企画。「一〇分どん兵衛」を実際に試食し「確かに美味しい」と反省しました。さらに、マキタさんの〝どん兵衛愛〟に自分たちが追いついていない事実を素直に認め、「一〇分どん兵衛」という「どん兵衛」の楽しみ方をアピールするウェブコンテンツまでつくってしまったのです。

メーカー側はなるべく短い時間で美味しいうどんを提供したいという思いがあり、五分でそれを提供することがその商品の売りだと思ってきたわけですが、美味しさを極めるためにわざわざ一〇分待つ熱狂的ファンの声を受け入れ、その食べ方を新たな提案にしてしまったわけです。どん兵衛ファンの気持ちをつかむ見事な施策ではないでしょうか。ときにマーケティングには、こうした懐の広さも大切です。

この事例は、インサイトは生活者の心の中にあるという大事なことを教えてくれています。私のような広告会社の人間にクライアントから広告の制作依頼があったとき、商品の開発者も会議に同席しているケースがあり、こういう思いでつくったのですと説明してくださいます。

しかし、実際に購入してくれそうな生活者のインサイトを分析してみると、開発者の方々の思いとは別のところに商品を売るツボが見つかることも多々あるのです。そういう提案をすると、クライアント側には「そんなつもりでつくったわけではない！」「商品の良さが分かっていない！」というリアクションをされる方もいらっしゃいます。

しかし、生活者のインサイトは、商品だけを見ていても絶対に見つかりません。光文社の女性ファッション誌が読者調査を何度もしながら言語化できない欲望を発見していくように、インサイトは商品のターゲットになる人々の心の中にあるのです。

二一世紀のもっともセクシーな職業とは？

インサイトは日常生活に潜んでいるものであり、机の前でどんな企画をひねり出そうか頭を抱えていても発見できるものではありません。

書店に入って情報のシャワーを浴びることで、ふわっと無自覚な欲望が言語化されるように、世の中に出て人々の欲望のシャワーを浴びることで、初めて「なんか今までと違うぞ」という違和感に気づくことができる。それは感覚を敏感にしていないと、あっさり見過ごしてしまうような些細《ささい》な違和感です。

世の中には既存の分類に収まらない新しい欲望を発露する現象が次々と登場しています。

それは社会の本流ではなく、むしろ端っこのほうから現れてきます。

分かりやすいのが、若者文化でしょう。「コギャル」や「オタク」など、新しい若者の欲望を体現する文化はいつも社会の端っこから登場してきました。そんな新しい現象をメディアが言語化したことで、「私もそうだった！」というフォロワーが生まれ、ブームを牽引する社会記号となっていったのです。

人々が日々使うデバイスが変わるだけでも新しい欲望が生まれ、新たな社会記号が名付けられます。メールの返信が遅くてもそんなにイライラしなかったのに、ＬＩＮＥが普及したことで、「既読」マークが付いているのに返事がないと嫌な気分になってしまう。そこから「既読スルー」という社会記号も生まれました。またインスタグラムで「いいね」をたくさん欲しいという欲望が、「インスタ映え」という社会記号を生み出しました。

そんなふうに世の中が進化していくときには、社会の最先端の部分に予兆が現れます。それが日常生活での違和感です。これを捉えれば、社会が変化していこうとする矛先が分かるようになります。それを言語化したものが社会記号なのです。

もちろん、生まれては消えてしまう「流行語」もあります。しかし、社会に定着していくものも少なくないのです。

そのようなことばは新しい文化となり、新しいライフスタイルを牽引し、新しい市場を開拓していきます。その中心にあるのは人々のインサイト、つまり欲望です。それはビッグデータをいくら分析しても見えてきません。人々の声に耳を澄ませ、人々の行動をよく観察していなければ、見えてこないのです。まるで、獲物を狙うハンターのように。

グーグルのチーフ・エコノミストは「二一世紀のもっともセクシーな職業は欲望と欲望を結びつける統計学者だ」と言いました。しかし、私はこう思います。「潜在的な欲望を言語化できる人」、つまり社会記号を見つけることができる人こそセクシーなのではないかと。

第三章　ことばが私たちの現実をつくる
——社会記号の機能と種類

松井　剛

社会記号の八つの機能

ここまで見てきたように、社会記号には多種多様なものがあり、それらが世の中を変えて市場を創造するプロセスは、とても興味深いものです。この章では、そうした社会記号をより深く理解するために、その機能と種類について考えてみます。

「はじめに」で嶋さんは「コギャル」を例に、社会記号の機能を提示してくれました。それは次の五つに整理されます。

①自己確認「コギャルでよかった」
②同化「コギャルになりたい」
③寛容「コギャルだからしょうがない」
④報道「コギャルの生態を知らせたい」
⑤市場「コギャル向けの商品をつくろう」

しかし同じ社会記号でも、例えば第一章で挙げた「加齢臭」はちょっと状況が違うようです。②の同化のところです。なぜなら「加齢臭のあるオヤジになりたい」と思う人はいないはずです。そうすると、社会記号には五つの機能に加えて、拒絶・規範・課題という機能もあるのでは、と私は考えています。「コギャル」で確認してみましょう。

「拒絶」とは、コギャルという存在を嫌う人が一定数いるということです。ブームの頃には派手なファッションの是非が論じられたように、コギャルを毛嫌いする人もいました。「規範」とは、コギャルがすべきことについてのルールです。茶髪とルーズソックスといったファッションや、コギャルらしい振る舞い方といった行動規範のことです。「課題」とは、コギャルを社会問題として見る批判的な見方のことです。コギャルは「不良」だから更生させなければならない、という意見を持つ人もいます。

「コギャル」という社会記号の機能をまとめると、次頁の図3―1のようになります。

「女子」という社会記号にも、この八つの機能があります。「女子力をアップさせる」のように、あまり否定的に使われることのない「女子」ですが、MROC（Marketing Research Online Community）という手法で、さまざまな人たちにことばのイメージを聞き

図3−1：社会記号の8つの機能

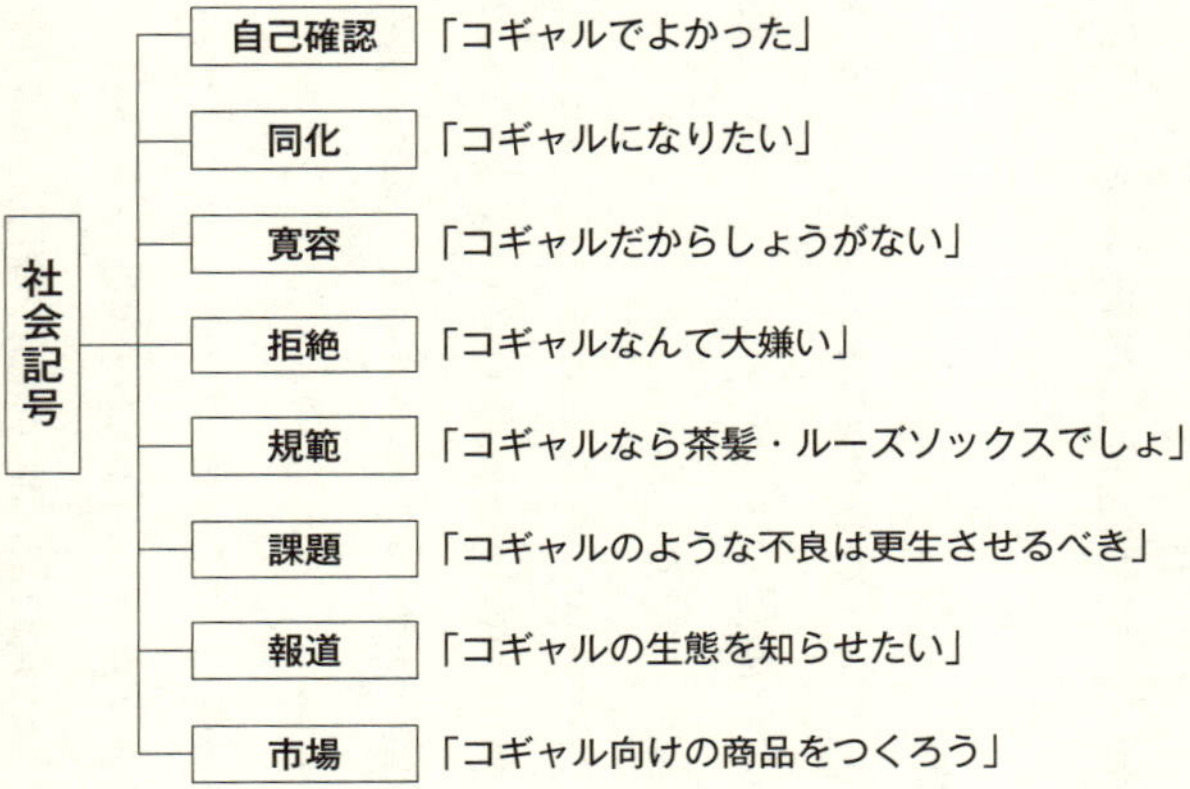

取り調査してみました。MROCとは、市場調査会社に登録している人たちをクローズドなネット掲示板に集めて、さまざまなトピックについて発言してもらう調査手法のことです。MROCの議論では、面白いことに、拒絶や規範を示す発言も多く見られました。

例えば、四四歳の女性は、「女子」というイメージへの拒絶を次のように述べていました。

自分のことを女子って言っちゃう同世代の派遣仲間（年収二〇〇万円台独身地方出身独り暮らし腐れ縁の彼氏有）はこうでした。休日にバーニーズニューヨークに行って、ドアマンとかショップ店員とかの雰囲気に酔ってなんか一着買っちゃう。私とは別世界です。

規範については、三三歳の男性が、こう典型的なイメージを語っています。

二〇代のOLですかね。赤文字系雑誌を参考にして、日頃のファッションを組み立てているイメージです。（中略）具体的には、赤文字系雑誌によく掲載されている「着回し三〇日企画」の様な生活を送っていると思います。

ふたりともなかなか手厳しい意見です。しかし、ことばに限らず、何かが流行すると、必ず「アンチ」の立場を取る人が出てくるものです。

課題については、先に挙げた加齢臭が分かりやすいでしょう。加齢臭という〝病名〟が付くことで、多くの中高年男性の体臭が、克服すべき課題として〝発見〟されたわけです。

拒絶や規範が私たちの心の中に生じたときは、必ずしも具体的な存在（コギャルや女子）

を知っているとは限りません。報道や伝聞で知ったイメージで語っていることもよくあります。これを「想像上の準拠集団」といいます。実際にそのような人物に会ったことがなくても、拒絶や規範が生まれることはあるのです。

このように社会記号は、ステレオタイプ（必ずしも正しいとは限らないベタなイメージ）の産物であると言えます。それを見たことがない人でも、「コギャル」や「女子」と聞けば、具体的なイメージが湧き、何らかの感情を抱いてしまう。

例えば皆さんは、「マイルドヤンキー」に実際に会ったことはあるでしょうか？ 会ったことはなくても、多くの人たちは「マイルドヤンキー」というラベルを貼られている人がいることを知っていますし、また、そうした人々を狙ったマーケティングも行われています。なんとなく、「マイルドヤンキーって、こういう人だよね」というコンセンサスが多くの人たちの間につくられることで、社会記号は成立しているわけです。

大正時代にだって社会記号はある

このように考えると、社会記号がいかに世の中にはたくさんあり、私たちの日常生活に寄り添ったものであるか分かるでしょう。実際、時代をさかのぼっても、社会記号の事例はたくさん見つけることができます。

例えば、大正から昭和にかけて流行した「モガ・モボ」がそうです。これは、「モダンガール・モダンボーイ」の略語です。「モガ・モボ」は大正・昭和期のジャーナリスト新《に》居格《いいたる》の造語とされ、エノケン（榎本健一）の「洒落男《しゃれおとこ》」という曲で「俺は村中で一番モボだと言われた男」と歌われた昭和初期が流行の最盛期でした。

水原明人著『「死語」コレクション』には、当時「髪の毛を短く切った『断髪』や『耳かくし』という流行の髪型に、おカマ帽、膝の出るような短いスカートをひるがえして颯《さっ》爽《そう》と街を歩くモダン・ガールの姿に、世間の人たちは目を見張った」とあります。

このときも「私はモボ・モガだ」（自己確認）、「モボ・モガになりたい」（同化）、「あの人はモボ・モガなんだね」（寛容）と言う人がいたでしょう。また、ブームとして報道され、モボ・モガを狙った商品がつくられる（市場）ということも起こったはずです。そして、今でも当時の流行として語られるほど人口に膾炙《かいしゃ》していたことから、それに反発する人もいたでしょうし（拒絶）、多くの人が思い浮かべる典型的なモボ・モガ像（規範）といったものも生まれたでしょう。さらにモボ・モガは、それまでのファッションを古臭いもの、乗り越えるべきもの（課題）として提案しています。

このように、大正時代のことばにも、社会記号の持つ八つの機能は確認できます。つまり、社会記号は何も最近のトレンドではないのです。私たちが生きる世の中で広く見られる古くて新しい問題です。ですから社会記号について考えるということは、世の中についてのある種の本質について考えることにつながります。

ところで、ここまで読み進めてきた勘の良い読者の皆さんは、「社会記号」ということばもまた、社会記号のひとつであることに気づいているでしょう。なるほど本書は、「社会記号」という社会記号について考える本でもあるのです。

ことばが変われば現実も変わる

ことばについて専門に考えているのは言語学者です。私はマーケティングの研究者なので、言語学については門外漢。しかし社会記号について考えるために、少し勉強をしてみました。

すると出会ったのが、「ウォーフ仮説」というものです。これは「サピア＝ウォーフ仮説」とも呼ばれています。

これを提唱したベンジャミン・リー・ウォーフは、一九三〇年代に、火災保険会社の科学技師として働きながら、余暇にネイティブ・アメリカンの言語の起源と文法を調べた言語学者・人類学者です。彼は人間の言語活動について、著書『言語・思考・現実』で次のような仮説を述べています。

われわれは、生まれつき身につけた言語の規定する線にそって自然を分割する。

この仮説を説明するときに私が例に出すのが、「ぶりはまち、元はいなだの出世魚」という川柳です。同じ魚なのに、成長の程度に応じて違う名前を付けられる、すなわち出世魚は、私たち日本人には馴染《なじ》み深いものです。しかし、英語圏の人々からすれば、ぶりもはまちも“Yellowtail”というひとつの名前しかありません。これは不思議なことです。同じ魚なのに、ある文化では名前が使い分けられて、別の文化ではひとつの名前しか与えられていない。このように、ことばはある種のレンズであり、ことばの違いによって世の中は違って見えるのです。

ことばがレンズであるということは、異文化体験のみならず、同じ文化圏であっても時代が変化することで経験する場合があります。これは、新しい社会記号が登場して定着していくプロセスに顕著に現れます。

例えば、すっかり定着した社会記号に「セクシャル・ハラスメント」（セクハラ）というものがあります。これは一九八九年に新語・流行語大賞の新語部門金賞を受賞したことばですが、この二五年間を通じて「セクハラ」ということばが普及したことで、「君はそろそろ結婚しなくていいの？」と言うことと、女性の目の前で雑誌の水着グラビアを見ることが、不適切な行動として、ひとつのカテゴリーに括《くく》られるようになりました。

すなわち、「セクハラ」という概念が共有されることで、何が同じものであるのかという括り方が変わったのです。新しいことばを知ることで、世の中が違って見えてきたわけです。

ウォーフ仮説は、言語決定論とも呼ばれています。なぜならば、ことばによって、ものの見え方は変わる。つまり、ことばが物事を決めると考えられるからです。

言語が変わると、ものの見え方も変わる例はたくさんあります。日本人にとって虹は七色ですが、アメリカでは六色、ドイツでは五色、かと思えばアフリカでは八色に見える部族がいると言われていたりと、世界中の人が七色だと認識しているわけではありません。「虹は七色」と呼ぶ文化が定着しているから、日本人には七色に見えているだけなのです。

また、「イヌイットの人々は雪について、実にたくさんの呼び名を使っている」といった話も聞いたことがあるでしょう。

出世魚の名前がそうであるように、母語における言語のカテゴリーが思考におけるカテゴリーと一致するならば、異なる母語を持つ者は異なるカテゴリーを有するということになります。

人間の言語活動をこのように分析したウォーフ仮説は、言語学の世界では、支持する見解から厳しい批判まで、多様な議論を巻き起こしてきました。しかし、リア充、加齢臭、女子、セクハラなどの例を踏まえると、社会記号が「言語の規定する線にそって自然を分割する」こと、さらにいえば、新しい分割の仕方を示すようになることは、実感として納得できると思います。

社会記号の四類型

このように社会とことばの関わりについて深く考えていくと、社会記号自体にも、いろいろな種類があるのではないか？　そう仮説を立てることができます。

これまでの研究成果を踏まえ、私は社会記号を次の四類型にまとめました。

（a）呼称
（b）行為
（c）脅威
（d）カテゴリー

この四類型それぞれについて、具体例を集め、これらと社会記号における前出の八つの機能との関係を示したのが表3—1です（「報道」と「市場」という機能は、どの類型にも生じ

表3ー1：社会記号の4類型

社会記号	例	自己確認	同化	寛容	拒絶	規範	課題
呼称	太陽族、みゆき族、サユリスト、アンノン族、ハウスマヌカン、㊎・Ⓟ、スキゾ・パラノ、トラキチ、分衆・小衆、新人類、しょうゆ顔・ソース顔、アッシーくん・メッシーくん、キープくん、オヤジギャル、ヤンママ、アムラー、カリスマ店員（美容師・ホスト）、コギャル、オタク、腐女子、ロハス、シックスポケット、癒し系、歴女、アラフォー、美魔女、チョイ不良（ワル）オヤジ、読者モデル、シロガネーゼ、エビちゃんOL、森ガール、草食男子・肉食女子、B層、マイルドヤンキー、イクメン、負け犬、女子、おひとり様、ジロリアン、撮り鉄、意識高い系、リア充・非リア充、リケジョ（老人力、女子力）	○	○	○	○	○	○
行為	援助交際、一気飲み、失楽園（する）、マイブーム、セクハラ、朝シャン、成田離婚、ドメスティック・バイオレンス（DV）、パワハラ、合コン、できちゃった婚、クールビズ、婚活（終活、美活、恋活など）、萌え、公園デビュー、断捨離、女子会、女子力（アップ）、ヒトカラ、壁ドン、自撮り、スメハラ			○	○	○	○
脅威	加齢臭、メタボ（メタボリックシンドローム）、花粉症、ピロリ菌、ED（勃起障害）、AGA（男性型脱毛症）、心の風邪（うつ）、尿漏れ、脇汗				○	○	○
カテゴリー	キャバクラ、激辛、もつ鍋、ルーズソックス、ガーデニング、渋谷系、第三のビール、裏原系、ニアウォーター、エナジードリンク、シュガーレスチョコレート、食べるラー油、ハイボール、二郎系ラーメン、スマホ、ガラケー、サードウェーブコーヒー、ファストファッション、デパ地下、駅ナカ、ゆるキャラ、クラフトビール			○	○	○	○

るため割愛しています）。

具体例は、これまでの研究で見つけたものに加え、一九八四年の創設以来、新語・流行語大賞を受賞したすべてのことばを確認して、該当すると考えられるものを挙げています。それぞれどのようなものか見てみましょう（ここでの議論は二〇一五年に『マーケティングジャーナル』に寄稿した論文の内容がベースになっています）。

呼称――特定集団を名付ける

ひとつ目の「呼称」とは、「草食男子」のように、ある種の特徴を持つ人々に対する名称です。「コギャル」や「美魔女」や「森ガール」のように、自分が何者かを確認したり（自己確認）、あこがれの対象としたり（同化）、存在を認めたりする（寛容）ことがあります。その一方で、コギャルのように問題視したり（課題）、バカにしたり、深刻な場合は、差別の対象となったりする場合もあるでしょう（拒絶）。また「森ガール」ならば、「森ガールらしいファッション」があるように、呼称に伴った何らかのルールが生まれます（規範）。

呼称に対する感情や距離感は、複雑で多面的です。その名称で呼ばれた人たちのすべてが「自己確認」するわけではなく、むしろ名付けられたことで、特定のイメージを押しつけられたと感じてしまい、不快感や拒否感を覚える人もいます。

私が以前、ある若者消費の専門家の方にお話をうかがったところ、見た目が明らかにギャルであっても、自分はギャルと呼ばれたくないという人がいると教えてくれました。こういった拒否感もしくは共感は、ことばによって変わってくると言っています。

よく自分はギャルって呼ばれたくないという人がいるんですよ、見た目は確実にギャルだよね、みたいな人でも「私ギャルじゃないです」という子もいるので、ヤンキーも同じで、多分「自分はヤンキーです」とは言わないと思うんですけど、周りから見るとヤンキーだみたいな。だからそういうギャップだと思います。一方で草食系、肉食系は女子会の話題にもなるくらい自分のスタンスを表す言葉なので使いやすいですね。周りからつけられたどうこうというよりも、共感できるか、自分が言ったところで痛くないネタにできるか、その辺の要素で選んでいると思います。

また、「スキゾ・パラノ」「しょうゆ顔・ソース顔」「草食男子・肉食女子」のように、コントラストを強調する場合に、対になる呼称がつくられることもあります。

こうしたコントラストとともに顕著に見られるのは、ある呼称が流布すると、その派生系が生まれることです。例えば「女子」ということばが流行《はや》ることで、「カメラ女子」「ラーメン女子」「カープ女子」という派生系の社会記号が出てきたり、さらには「女子」が「ガール」に変換され、「森ガール」「山ガール」などと展開することがあります。これが一般化すると、『校閲ガール』のように小説やドラマのタイトルになることもありますね。

こうした派生系が生まれる理由は、呼称を聞いた者が瞬時に何を意味しているのかを理解しやすいからだといえます。「○○女」「○○女子」「○○ガール」という表現の違いについて分析した、新語ウォッチャーのもりひろし氏は、「歴女」や「美魔女」のように「○○女《じょ》」と読む場合にはポジティブな意味があるのに対して、「干物女」のように「○○女《おんな》」と読む場合には、呼称がネガティブな意味を持つと述べています。

さらに、「○○女子」はポジティブ、「○○ガール」はニュートラルな意味を持つそうです。「〇〇ガール」もまたポジティブな意味を有しているのではないかと私は考えますが、こうした「女性」にまつわる呼称のイメージの整理には、多くの人が頷《うなず》けるのではないでしょうか。

そう考えると、「〇〇女《じょ》」「〇〇女子」「〇〇ガール」という呼称は、自己確認、同化、寛容をもたらす一方、規範も存在するといえます。一方の「〇〇女《おんな》」は拒絶の対象となり得る呼称だといえるでしょう。

行為——従来の常識を変える

ふたつ目の「行為」とは、「断捨離」のように、ある種の行動の名称です。「できちゃった婚」のように、これまでの常識から逸脱したことが認められる行為であることも多いことばです（寛容）。ただし、ブライダル業界など、そこに商機を見出《みいだ》す場合は、「ダブルハッピー婚」（結婚情報誌「ゼクシィ」の用語とされています）、「おめでた婚」「授かり婚」のように、もっとポジティブな意味に言い換えることも少なくありません。

「クールビズ」ということばも、酷暑の夏には軽装でも良いという価値観を定着させ、これまでの規範を逸脱することを許容させました（寛容）。同時に、クールビズ・ファッションとして相応《ふさわ》しい相場観（例えば、ノーネクタイでも清潔感のある襟付きシャツを着るべき、など）ができ上がったという意味で、新しいルールも生み出しています（規範）。

一方、行為を表す社会記号は、必ずしも従来の常識からの逸脱を許容するために生み出されるわけではありません。「セクハラ」のように、逸脱への否定的な評価を示す場合もありますし（拒絶）、解決すべき問題としてとらえられることもあります（課題）。

行為も呼称と同様に、派生系の記号が多いことばです。

例えば「セクハラ」ということばが普及した後には、「パワハラ」ということばが普及しました。最近でも「アカハラ」「モラハラ」「家事ハラ」「マタハラ」といった派生系が使われることが少なくありません。これらは消費行為を示す社会記号というよりも、社会の問題がフレーミングされた結果生まれた社会記号です。しかし、これらの問題を解決するためのサービス（例えばセクハラやパワハラ防止のための研修など）が提供されているという意味では、やはりマーケティングと深い関わりがあるといえます。

「女子」と呼ばれることに複雑な感情を抱く女性たちがいるように、行為を表す社会記号もまた、人々にすんなりと受け入れられるものばかりではありません。労働ジャーナリストの金子雅臣氏が書いたヨミウリオンラインの記事（二〇一四年二月四日）によれば、一九八九年に新語・流行語大賞の金賞に選ばれた「セクシャル・ハラスメント」ということばは当時、さまざまな論争を引き起こしたそうです。

ハラスメントを「嫌がらせ」という表現に訳すことに対する反発があったり、「セクハラ」と省略する呼び方に対しても有識者などから強い批判があったと聞きます。しかし、この「セクハラ」ということばが普及したことで、女性が性的な嫌がらせを訴えて問題化することに対する、心理的な抵抗感は確かに減りました。

行為にまつわる社会記号の派生系として、もうひとつ顕著な例は「婚活」です。

よく知られているように、このことばはもともと「就活」から来ていますが、「セクハラ」とは別な意味で、人々の心理的な抵抗感を下げました。すなわち、これまで結婚相談所や結婚相手の紹介サービスを利用することに世間体などを気にしていた人も、「婚活」ということばが流行したことによって、これらのサービスを利用しやすくなったのです。

さらに、「婚活」が浸透したことで、「美活」「恋活」「終活」「妊活」「朝活」「離活」「温活」といった「○活」の派生系が次々と生み出されました。ただし、派生系が増えると、かえって元のことばが陳腐化してしまうことは少なくありません。

呼称の社会記号が派生して、行為を表す社会記号となる例もあります。例えば「女子が集まる会だから女子会」というようなものです。しかし、行為の社会記号は「女子」と「女子会」のような関係になるとは限らず、特定の呼称と結びつかないケースもあります。行為の社会記号が、ある特徴を持った集団を表す呼称に近い使われ方をするのです。それはどういうものか？

この私の問いかけに対して、トライバルメディアハウスの池田紀行氏は、「公園デビュー」という社会記号を例に、次のように説明してくれました。

「公園デビュー」という社会記号は、特定の集団をイメージすることが難しいことばです。人によってイメージする母親像がバラバラで、「子育てママ」くらいの大きな括りでしか共有できません。つまり、行為に対応する呼称の社会記号がないのです。

そこには時代の変化が影響しています。まず、昔に比べて結婚・出産のタイミングが人によって大きく違ってきました。そのため、学校の参観日に集まる母親の間に、二〇歳ほどの年齢差があることも少なくありません。

しかも転勤や核家族化などの理由で、公園デビューをする母親のバックグラウンドもかつてなく多様になっています。公園にあるママのコミュニティでの輪の作り方が昔と違ってきたのです。だから、「公園デビュー」という行為で括ったほうが、ある特徴を持った集団を示す社会記号として、成立しやすいわけです。

行為の社会記号にもまた、しっかり時代が反映されているのです。

脅威——解決すべき問題を提示する

三つ目の「脅威」とは、「メタボ」や「加齢臭」のように、解決すべき問題のことを指します（課題）。体臭や肥満など、それまでも存在していたことにラベルを与えることで、「問題」として顕在化させて、解決すべきものにします（規範）。そのため、この課題を解決しないと、周囲の人から嫌われてしまうこともあります（拒絶）。これは危機感を煽《あお》るという意味で、脅威の社会記号は広告における「恐怖アピール（fear appeal）」の典型的な例だといえるでしょう。

しかし、意外に思うかもしれませんが、既存の研究によれば、恐怖アピールがもっとも効果を上げるのは、脅威を強く煽るときではありません。脅威はあくまでも穏やかに伝える。それと同時に、問題への解決策も提示する。それがもっとも効果的なのです。

反対に解決策が示されないと、その脅威を解消したり、回避したりすることができないため、消費者は広告を受け付けなくなってしまいます。

脅かしの程度は、消費者が納得して行動を変えるかどうかという問題に影響を与えます。脅威が弱すぎても、それを脅威と感じない。一方で脅威を強烈に描きすぎると、受け手は「自分事」とせずに情報処理してしまい、結果として提案された解決策に関心を払わなくなるのです。

例えば、エイズに関する恐怖アピールを用いたコンドームの広告実験においては、死に至る病であることを直截《ちょくせつ》にアピールするよりも、より穏やかな表現のほうが態度変化に結びつきました。

このように恐怖アピールは、問題に名前を与えることによって、脅威に直面している人が問題を明確に認識させる力を持つ場合があります。例えば「花粉症」ということばについてクライアントから言われたこととして、電通のクリエーティブディレクター阿部光史《あべみつし》氏は、東京コピーライターズクラブのリレーコラムで次のように述べています。

「花粉症」というコトバが生まれる以前は、
アレルギーなどの、他にも使えるコトバを代用して
その症状を説明していました。
だけど、それまでは症状をずばりと
ひとことで言い当てたコトバはなく、
なんか鼻の調子が悪いなぁ、原因は花粉らしいなぁ
という人々がいただけなのです。
でも、ある時「花粉症」というコトバが生まれて、
おれも花粉症かも、あたしも花粉症だわ、という人が

次々と現れて、花粉症患者が爆発的に増えたそうです。
そして、花粉症のマーケットが生まれたんです。
そんなコトバが欲しいんです。

ここまで読んだ皆さんの中には、「消費者を脅かすなんてけしからん」、あるいは「これって洗脳みたいで怖い」と思った方もいるかもしれません。しかし、ことはそう簡単ではありません。脅威を通じて市場を創造することは、とても難しいのです。

その理由は三つあります。

第一に、脅威を使ったマーケティングに限らず、そもそもマーケティング一般をみても、その成功率は決して高くありません。私たちの耳目に入るのは、華々しいヒット商品の成功ストーリーだけです。しかしその背後には、売れずにひっそりと世の中から消えていったたくさんのモノやサービスがあるのです。

消費者行動論の教科書として世界的なベストセラーである『ソロモン　消費者行動論』によれば、新製品の失敗率は四〇～八〇パーセントです。この事実が示すように、広告主は、大衆の心理を操作したり洗脳したりできるほどには消費者のことを十分に理解していません。

第二に、安易に脅威をマーケティングに使うと、商業的なあざとさが消費者の間で印象づけられて、かえって反感を買うからです。リスクが高いのです。

本来は深刻でない問題にもかかわらず、儲《もう》けるために対象を脅威として描き出しているのではないか？　そういう疑念を消費者に抱かせると、それを解決しようと思わないどころか、その企業に対する不信感も醸成してしまいます。

第三に、脅威の描き方についてデリカシーがないと認識されると、ターゲット顧客から強く反発される場合がある、ということです。

クリエイティブディレクターやコピーライターとして活躍する小霜和也《こしもかずや》氏は、アンチエイジング美容液に関するグループ・インタビューで女性たちから思わぬ反発を受けました。著書『ここらで広告コピーの本当の話をします。』で次のように述べています。

その美容液は女性ホルモンが含まれていて、閉経でホルモンが減った女性の肌にい

いというコンセプトでした。僕はその説明文に、「閉経後の女性ホルモン減少に云々～」と書いたところ、それを読んだ女性たちは大反発。「ま、閉経だなんて……！」「デリカシーなさ過ぎ！」「これを書いたのはきっと男よ！　男だわ！」と大騒ぎ。僕はもうそこから逃げ出したくなりました。閉経というのは女性にとってかなりネガティブなイベントで、何か対策をしなければという焦燥感はあるんです。でも「閉経」という言葉を見るのはイヤなんです。たとえ調査の説明文であっても……！

こうした三つの理由を考えてみると、脅威という社会記号で消費者を動かすことはなかなか難しいということが分かるでしょう。そもそも私たちは企業の操り人形ではありません。広告やメディアが言っていることを鵜呑《うの》みにして、そのままモノやサービスを買う、ということはしていません。むしろ広告やメディアで言われていることを、バカにしたり、パロディにしたり、消費者の側が流行をつくり出すような動きが見られるのです。

こうした手強《てごわ》い消費者に納得をしてもらうためには、第二章で嶋さんが説明してくれた通り、自分で言語化できない欲望を社会記号として表現する必要があります。無から有はつくられない、ということです。これについては、第五章でも詳しく説明します。

自ら言語化できない欲望を、穏やかな脅威として表現することで、脅威にまつわるそのネガティブなイメージを和らげようというマーケティングも行われています。その典型的な例が、「うつは心の風邪」というキャンペーンです。「心の風邪」という表現により、うつ病は誰もが罹《かか》る可能性のある病気であり、治すことができるものであり、さらに、治すために病院に行くことは恥ずかしいことではない、というイメージを形成することができました。

同様の例は、前章でも取り上げられた「美魔女」ということばを広めた「美STORY」の編集長だった山本由樹氏の取り組みにも見られます。

例えば山本氏は、シミ・しわ・たるみが「女性の三大悩み」であることから、その頭文字をとって「SST」ということばをつくり、カジュアルな感覚で女性の加齢について語ることができるようにしました。同誌では「SSTコスメ大賞」というものまで設けて、こうした悩みを解決する化粧品を表彰しています。

これに類する山本氏のもうひとつの造語が「アラ更」です。長ければ二〇年以上も更年期に伴うさまざまな症状（不定愁訴）に向き合わなくてはならない女性に対して、更年期対策の認知を高めたかったと、『「欲望」のマーケティング』の中で山本氏は次のように述懐しています。ちょっと長いですが、ことばのイメージが変わっていくことについての興味深い実例なので紹介します。

実は更年期という言葉については、ちょっとした思い入れがあります。

私が『ＳＴＯＲＹ』の創刊に副編集長として参加したとき、いくつかの連載を担当しました。その中のひとつに「更年期のクスリ」という企画がありました。すでに更年期を終えた有名人が、自らの体験を語るというページです。

当時「更年期」という言葉は、あまりいいイメージではありませんでした。他の女性誌は「メノポーズ」など他の言葉に置き換えていましたが、私はあえて隠さずに「更年期」と表記しました。女性が堂々と「私は更年期だから」と言えるような世の中にしたいと思ったからです。

しかしながら当時はインタビューを依頼しても「更年期はマイナスイメージだか

ら」と断られることが度々でした。そのため連載開始当初は、キャスティングに本当に苦労しました。

時を経て創刊10年を迎えた現在では、積極的に取材を受けてくれる方がとても多くなり、現場の苦労は半減しました。10年の歳月が「更年期」という言葉に市民権を与えたのです。その一端にちょっとだけ貢献できたかもと、私は密《ひそ》かに誇っています。

このように脅威にまつわる社会記号は、人の繊細な心持ちに触れるものとならざるを得ません。そのためその取り扱いには、十分な注意が必要です。何もないところに危機を煽っても、気づかれないか、あるいは反感を買うかの、どちらかでしょう。しかし言語化できない欲望に先回りして、「これが欲しかったんでしょう?」と提案ができたら、消費者に響くのです。

カテゴリー――ブランドをつくる

社会記号における第四の種類は「カテゴリー」です。これは社会記号の四類型の中で、マーケティング研究でもっとも注目されてきました。言い換えるならば、他の三類型はあまり関心を集めてこなかったということになります。

マーケティング研究でカテゴリーが注目されてきたのには理由があります。それは商品のブランド形成に深く関わっているからです。

例えば最近、コンビニエンスストアの冷蔵庫には「クラフトビール」の棚ができました。クラフトビールとは、大手でない小規模な醸造所がつくる個性的なビールのことで、近年人気となっています。できれば、コンビニとしても押さえておきたい新ジャンルでしょう。しかし、個々の商品の認知度はまだ大手には及びません。そこで似たような特徴を持つ商品を「クラフトビール」とカテゴリー化することで、コンビニの棚にスペースを確保しているのです。

つまり、新しいモノやサービスを売るためには、前提として、まずカテゴリーを消費者や流通業者などに認知させる必要があるわけです。そのため、カテゴリーの社会記号は、マーケティングの研究者から注目されてきました。他の三類型（呼称・行為・脅威）は、これほど直接的にはマーケティングに結びついていません。

カテゴリーとは、「第三のビール」や「エナジードリンク」「食べるラー油」「ハイボール」「シュガーレスチョコレート」といったものです。例えば「エナジードリンク」は、栄養ドリンクにあった〝おやじ臭さ〟を排除し、若い女性の抵抗感を下げました（寛容）。

こうしたカテゴリーを成立させる社会記号は、多くの場合はこれまでにない新しいものの見方に基づくことが少なくありません。「エナジードリンク」は既存の「栄養ドリンク」とは内容的に大きな違いはないものの、パッケージングやコミュニケーションをまったく違うものにすることで、別のカテゴリーとして認知されました。「デパ地下」「駅ナカ」といった新しい業態・サービスもそうです。

既存の解釈を超えるという意味では〝ゆるいマスコットキャラクター〟の略称である「ゆるキャラ」も、まったく新しいカテゴリーを成立させたといえます。ご存知の方も多いと思われますが、漫画家・エッセイストのみうらじゅん氏が命名した「ゆるキャラ」は、地方公共団体などのまちおこしやキャンペーン・イベントなどに登場する、完成度が必ずしも高くないマスコットキャラクターのこと。これをあえて面白がる、という発想の転換をすることで、「ゆるキャラ」は当事者の意図を超えた新しいエンターテインメントとして成立しました。

ちなみに、みうら氏はゆるキャラ以外にも、「マイブーム」といった行為の社会記号や、「いやげ物」(自分の趣味には程遠い、もらっても困るような土産物)といった、新たなカテゴリーの社会記号も提案しています。

ところで、カテゴリーは他の類型と結びつくことが少なくありません。例えば、「ルーズソックス」というカテゴリーは「コギャル」という呼称の社会記号と結びついています。「二郎系ラーメン」と「ジロリアン」(二郎系が好きな人)も同様です。

こうした個性が強かったり、消費者のこだわりが強かったりするカテゴリーの場合、ファッション(コギャル)、注文の仕方(ラーメン二郎)など、独自のルールが発生する場合があります(規範)。そうであるがゆえに、カテゴリー化によって、それを嫌うようになる人々も少なくありません(拒絶)。あるいはキャバクラのように、そのカテゴリー自体問題視される場合もあります(課題)。

社会記号で世の中は動くのか?

この章では、社会記号には、五つの機能に加えて、拒絶・規範・課題という三つの追加的な機能があること、また呼称・行為・脅威・カテゴリーの四類型に分けられることなどを論じてきました。

ここまで読んできた読者の皆さんの中には、社会記号を上手《うま》く使えば世の中を動かすことができると考える人もいるかもしれません。そこで思い出されるのは、コミュニケーションについての古い理論です。それは「皮下注射モデル」と呼ばれるものです。これはメッセージの送り手の言いたいことが、受け手に意図通り受け入れられてしまう、という状況を指します。注射を「ぶすっ」と刺すというたとえが秀逸です。

しかし、フェイクニュースが取りざたされる今日の現実を、こんなモデルが説明できるとは思わないでしょう。もちろんフェイクニュースに騙《だま》される人は少なくありません。ただし、それが虚偽であることが明らかになることも多いのです。インターネットというメディアの発展がフェイクニュースの拡散に大きく貢献してきたことは間違いないでしょうし、それに振り回される人も多数現れます。その一方で、それが嘘《うそ》であることを立証する方法もまたインターネットは提供してきました。

というのも、現在では、情報は「大本営発表」のように、特定の権力者から「大衆」に一方的に流されるものではないからです。それがまったくないとは言いませんが、それ以上に、例えばソーシャルネットワークがそうであるように、人々の間で、大量の情報のやりとりが行われているのです。

私たちは、莫大《ばくだい》な数の情報に日々さらされています。こうした情報のごく一部にしか注目していませんし、それを鵜呑みにせず、吟味しているのです。そうした結果が、先に説明した通り「新製品の失敗率が四〇~八〇パーセント」なのです。

例えば「サマ会」というキャンペーンをご存知でしょうか？「サマ会」とは、「夏にする飲み会や宴会」のこと、つまり暑気払いのことです。これを「サマ会」というラベルを付けることで、夏の宴会需要を高めようとしたのです。二〇一三年七月二日配信の「NEWSポストセブン」のネット記事では、次のように説明されています。

「サマ会」とは、この暑い夏に、とにかく飲みに行くためのきっかけを作るための合言葉。みんなで日ごろの仕事の労をねぎらう「おつかれサマ会」(要するに「暑気払い」…ですね）をはじめ、自分のワガママやグチをとことん聞いてもらう「おれサマ会」、１人を主役に立てて誕生日や記念日に思いっきりおもてなしをする「王サマ会」など、「サマ」さえつければなんでもＯＫ。さらに「今日は飲みに行けるヤツが誰もいない…」なんて時は、ひとりで楽しむ「おひとりサマ会」もアリです。まさかのステキな出会いもあるかも？

このことばを知っている人はどれだけいるでしょうか？　あまりいないと思います。「サマ会」は残念ながら社会記号になることはできませんでした。このように失敗に終わった社会記号未満のことばは、その存在が知られることもなく、ひっそりと消えていきます。社会記号をつくり世の中を動かすことは簡単ではないのです。

しかしこの「サマ会」と違い、第五章で詳しく紹介する「女子会」のキャンペーンは現実に裏打ちされた非常に精緻《せいち》なマーケティングを展開し、社会記号として成立しました。「現実に裏打ちされた」ということがポイントです。

しかしその前に、社会記号が世間に広まるメカニズムを考えるうえで避けることができないメディアと企業の関係性について考えてみることが必要です。これが次の章で考える内容です。

第四章　メディアが社会記号とブランドを結びつける

——ＰＲの現場から

嶋　浩一郎

メディアは社会記号の証拠を探す

社会記号はある特定のブランドと結びつきやすい性格を持っています。例えば、「ファストファッション」というそれまで存在しなかったことばが生まれたわけですが、多くの人が「ファストファッション」と聞けば「ユニクロ」を思い浮かべるはずです。つまり、多くの人がユニクロをファストファッションの代表選手と認識している、と言っていいと思います。

しかし、いったいどういうプロセスで「ファストファッション」ということばと「ユニクロ」というブランド名が結びついていったのでしょうか。このメカニズムはマーケティング担当者なら是非知りたいことだと思います。なぜなら、自分の担当するブランドが特定の社会記号と結びつけば、取材されてメディアへの露出が増えるなど多くの恩恵を得られるからです。

社会記号は企業のマーケティング活動に影響をもたらします。例えば、「ハイブリッドカー」という社会記号ができたことによって、トヨタのプリウスがメディアに何度も取り上げられ、大ヒットにつながりました。これと同じように、「エビちゃんＯＬ」という社会記号ができたことにより、モデルの蛯原友里《えびはらゆり》さんを広告に起用したサマンサタバサが人気ブランドとなりました。本章では社会記号が特定のブランドといかに結びついていくのか、そのときメディアはどんな役割を果たすのか、そのメカニズムを解明していきたいと思います。

なぜ、社会記号が特定商品のヒットを牽引《けんいん》するといえるのか？

そこにはメディアの特性が大きく関係しています。

メディアは世の中に現れた新しい現象を報じるのが仕事です。だから、いつも社会に何か変化が起こっていないかに目を光らせています。しかも、できればいち早く記事として取り上げたい。「最近、低価格のオシャレなブランドを選ぶ人が増えているな」と感じたなら、それを最新の社会現象として発信したいと思っているわけです。

ただ、メディアが新しい現象を報じる際には、その背景に証拠となるファクト（事実）がなければなりません。いくら記者や編集者が「これが流行《は や》っている！」と直感しても、記事は個人の感想を伝えるものではないからです。「ファストファッションがブームです」

と書くためには、ユニクロやH&Mが実際にどのくらいヒットしているのか、具体的な数字や事例を挙げて、「このぐらい支持されています」と客観的に紹介できなければならないわけですね。そうしなければ、記事に説得力が生まれません。

メディアは常に新しい現象を報じたいと思い、その裏付けとなる具体例を探している――。私は、長年のPR経験を通じて、これはメディアの典型的な特性だと考えています。

実際、メディアが新しいトレンドや市場の変化を報じる際には、必ずといっていいほど、具体的な企業やブランドの事例が記事で紹介されます。ここに社会記号が特定商品と結びつく最初のきっかけがあるのです。

「おひとりさま」がブランドとつながる

もう少し説明しましょう。

例えば、「おひとりさま」という社会記号はどのように生まれたか?

世の中に広まったきっかけは、ジャーナリストの岩下久美子さんが二〇〇一年に上梓《じょうし》した『おひとりさま』からだといわれています。レストランをひとりで利用する際に、「おひとり様ですか?」と聞かれることから、「自分ひとりの時間を豊かに楽しく過ごす人」を表すことばとして、岩下さんが定義しました。

岩下さんのつくったことば「おひとりさま」、そして「おひとりさま」と彼女が名付けた人たちの行動に他のメディアは興味を持ちました。彼らが後追い報道をすることで、さまざまなメディアに「おひとりさま」という新しい記号が取り上げられ、社会記号として定着していくことになるわけです。

岩下さんの指摘を受けて世の中を見渡すと、なるほど、確かにひとりで食事をする人、ひとりで旅行をする人が増えている気がする。だからといって、実際にメディアが記事にするためには、客観的な「事実」が裏付けとして必要です。岩下さんの指摘だけでなく、具体的におひとりさま向けのサービスや商品を提供している企業を取材し、現場の証言を得たいと思うわけです。

おひとりさま現象の広がりを伝える、「朝日新聞」の記事（「都会で急増、ひとりを楽しむ30代女性」二〇〇四年九月一八日朝刊）では、いち早くこのトレンドに対応した企業の例として、ホテル業界を取材しています。

例えば、フォーシーズンズホテル椿山荘東京。98年ごろから女性の1人利用が増えた。2人用の部屋に1人で泊まると、2人利用時の1名分より1万円高かったが、同額に引き下げた。「それが好評だった」（営業企画課）。98年秋には、64平方メートルの部屋に泊まり、アロマオイルを使用したマッサージがセットの1泊5万9千円のプランを設けた。30代のシングル女性の利用が目立つという。「日曜の夜に泊まられてそのまま会社に向かう方もいます」

他にも同記事では、おひとりさま向けのコンパクトなマンションの販売に力を入れるデベロッパーや、内装やメニューを女性のひとり客向けに工夫したことで売り上げを伸ばす定食屋なども取り上げています。

メディアはある現象を報じるとき、複数の具体的事例を提示することでその根拠を強固なものにしたいと思うのでしょう。テレビ東京の「ワールドビジネスサテライト」はトレンド情報を多数取り上げます。例えば「プレミアムフライデー」という現象を報じるとき、金曜日にデニムを着ようとアピールをしているアパレルメーカー、週末の温泉旅行をプロモートする鉄道会社など複数の事例を紹介しています。

面白いことにこの段階で、もともとその現象を意図して開発されていない商品やサービスが社会記号と関連して取り上げられるという現象も起こるのです。例えば「おひとりさま」でいえば、さまざまなメディアがこの現象に注目し、各企業の取り組みに関して取材を進めるわけですが、取り上げられる事例はもともと「おひとりさま向け」として企画されたものばかりではありません。

博多ラーメンの「一蘭」は、ひとりひとり衝立《ついたて》で仕切られたカウンター席が特徴のラーメンチェーンですが、これはそもそも、「お客さんにラーメンの味に集中してもらいたい」という思いで考えられたことだそうです。だから名前も「味集中カウンター」といいます。しかし、他人の目を気にしなくていいことから、それまでラーメン屋にひとりで入ることに躊躇《ちゅうちょ》していた若い女性からも支持され、「おひとりさまに支持されるラーメン屋」として多数のメディアに取り上げられました。

このように、ある社会記号が世の中に流通し始めると、メディアは競ってその現象の盛り上がりを裏付ける証拠を探し始めます。すると一蘭のように、本来はおひとりさま向けでなかったサービスも、おひとりさま現象の流行を裏付けるものとして紹介されるようになることもあるのです。その報道を見た女性は、「ここならひとりで入れそう」と思い、さらに一蘭に女性客が集まるという好循環を生んでいきました。

企業としては、自社の特定商品を社会記号と結びつけたほうが、マーケティング上、有利な戦略を展開できます。

もし、あなたがベビーカーの販売を担当しているとしたら、「イクメン」という社会記号がメディアに多く取り上げられている状況の中で、ベビーカーとイクメンを結びつけてメディアにPRできれば、商品にとって有利な状況をつくれるかもしれません。自社の商品の特徴をアピールするだけでなく、社会記号と結びつけたほうが、あくまで〝現象〟を報じたいメディアから取材されやすくなるからです。

あるいは、商品と社会記号を結びつけることで、今までターゲットだと想定していなかった層が関心を持ってくれるようになる可能性もあります。

例えば、少子高齢化により、おじいちゃんとおばあちゃんが孫のために使う金額が増えたといわれています。子供ひとりに対して、両親と双方の祖父母の合計六人のお財布が期待できることから、この現象は「シックスポケット」とも呼ばれています。

もし、孫へのプレゼントとして、この社会記号とベビーカーを結びつけてPRすることができたら、「シックスポケット現象」の一例として、メディアに取り上げられるかもしれません。そうすれば、両親だけでなく、双方の祖父母にまでベビーカー購入の見込みが広がることになります。マーケティングの担当者は、そういう戦略が立てられるようになるのです。

私が企業にとって社会記号が重要だと述べた理由は、そこにあるのです。

メディアは「面倒くさがりや」

しかしブームが過熱し、メディアがある社会記号を取り上げていくと、さらに興味深いことが起こってきます。

それは社会記号と商品の結びつきが「寡占化」されるという現象です。

例えば「ハイブリッドカー」という社会記号があります。ガソリンエンジンと電気モーターを組み合わせた環境に配慮したクルマのことで、今では国内外のほとんどの自動車メーカーが発売しています。しかし、ハイブリッドカー市場について取り上げたメディアの記事をチェックしていくと、そこで紹介される商品が、ほぼプリウスに集中していることに気がつくはずです。多くの記事が「トヨタのプリウスに代表されるハイブリッドカー市場は……」というような表現を使っています。

同じように、一九九〇年代には「ニアウォーター」という清涼飲料水のジャンルがありました。水にビタミンやカルシウムなどの栄養素、または果汁を加えた飲料です。当時は大ブームとなり、コンビニエンスストアにはニアウォーターを陳列する棚がつくられ、多くの商品が発売されました。しかし、ニアウォーターがヒットしているという現象を伝える記事に登場するブランドは、JTの「桃の天然水」とアサヒ飲料の「オー・プラス」のほぼふたつに収斂《しゅうれん》していったのです。つまり、マーケットには多数の同カテゴリー商品が存在するのに、情報戦においてはひとつあるいはふたつのブランドしか取り上げられないという事態が発生したのです。

この章の冒頭で紹介したように、「ファストファッション」の代表選手もメディア上ではユニクロに収斂していきます。何度も報道される社会記号と結びついて語られるブランドは寡占化していくのです。

なぜ、そんなことが起こるのか?

誤解を恐れずにいえば、私は「メディアが面倒くさがりや」だからだと思っています。先ほども説明したように、メディアは新しい現象を発見し、それを世の中に発信することが仕事です。コギャルがブームになったらコギャルがもたらした社会現象について報じたいし、草食男子が増えているなら草食男子がもたらした社会現象について報じたいわけです。しかも、できればその現象の第一発見者になりたい。それがジャーナリストのインサイトだと思っています。

しかし、メディアで紹介するとき、ジャーナリズムには客観的な「ブームの証拠」が必要ですから、記者としては具体例を取材したい。「実際に○○現象が起きたおかげで、A社の△△という商品や、◇◇という企業の売り上げが、このくらい伸びた」と書きたいわけです。

だから、例えば「エビちゃんOL」のブームについて紹介する記事なら、「デパートのフロアに入っているサマンサタバサを取材しよう」ということになりますし、「ファストファッション」なら、「ユニクロに取材しよう」ということになります。つまり、メディアは報道の構成要素として、客観的で分かりやすい事例が欲しいのです。社会記号が浸透していく段階ではさまざまなプレイヤーが現象を構成する一員として紹介されますが、社会記号が定着していくと同じブランドが取材され続けるという現象が起こります。

同じ現象が繰り返し取材されていく段階で、一から取材先を探す作業を省いて、すでにメディア上で評価が確定した「ここを取材しておけばＯＫ」というブランドを取り上げるようになっていくのです。

こうして社会記号が世の中に広まれば広まるほど、生活者の頭の中にも、社会記号を代表する「定番商品」のイメージが共有されていきます。ハイブリッドカーならプリウス、ファストファッションならユニクロ、という印象が広がっていくわけです。そうなると、ますます社会記号の代表選手は絞られていきます。

メディアによって社会記号を代表する企業の定番が生まれ、それが報じられることによって人々もその企業が代表選手だと思い、メディアはより一層、この企業を取材すべきだと考える……。そういう社会記号の寡占化のループが起こるのです。

しかも、どうやらその代表選手の指定席は、ひとつかふたつしかないのです。

市場のシェアと露出のシェアはイコールではない

企業の広報担当者やマーケティング担当者にとって、これは非常に重要なことです。自社の特定商品が社会記号の限られた指定席に座ることができれば、その現象がメディアで報じられるたびに、ずっと取材され続けるメリットがあるわけですから。

しかし、こういう話を私がすると、「それはシェア一位のブランドに取材が集中するというだけの話じゃないですか。取材が集中することでますます売れ、一位の地位がさらに盤石になるというスパイラルに入るってことですよね?」という声が返ってくることがあります。

確かに多くの場合、シェア一位のブランドが特定の社会記号との結びつきを強めることは事実です。しかし、シェアが二位以下の商品でも社会記号と結びつくチャンスはあるのです。

例えば、「プレミアムビール」という社会記号は二〇〇六年を中心にメディアに多く取り上げられました。デフレスパイラルといわれた時代に高価格帯の商品がヒットしているという現象はメディアにとって格好の取材対象だったわけです。

このとき、メディアの取材対象になったのはサントリーのブランド「ザ・プレミアム・モルツ」です。しかし当時は、この商品がプレミアムビール市場でシェアナンバーワンのブランドではありませんでした。

社会記号とブランドが結びつく要因として重要なのは、現象をつくり出したブランドのシンボリックな動きです。例えば、その社会記号を象徴するようなテレビコマーシャルや店頭でのキャンペーンが話題になったりすることです。率先して新しい現象をつくり出そうとする動きにメディアが注目するのです。シェアが一位のブランドでなくてもこのような社会記号を牽引する動きがシンボリックであれば寡占化のプロセスで代表選手に選ばれることもあるのです。サントリーの「ザ・プレミアム・モルツ」は矢沢永吉を起用したCMなどで話題をつくり、デフレ時代に市場を動かす「プレミアムビール」としてメディアの注目を集めました。

また、長年PRの現場で仕事をしている私は、広報パーソンの活動も社会記号とブランドを結びつける重要な役割を果たしていると考えています。

メディアはある現象を報道するとき、その現象に関してさまざまな情報を集めようとします。どんな人がそのカテゴリー商品を買っているのか、流通の現場はどうなっているのか、市場がどこに向かっているのか、メディアはいろんな切り口から新現象を分析したいと考えているのです。そんなとき、その現象について客観的にさまざまな情報を提供してくれる人がいたとしたら、メディアにとても重宝されます。企業のコミュニケーションに携わる人たちはついつい自社の商品やサービスだけをアピールしがちですが、競合の動きを含めて自社の商品をひとつの現象の中で語ることができると、自社商品が社会記号と結びついて報道される可能性が高まるわけです。

例えば、「歴女」向けのサービスを展開する自治体の広報パーソンが自分のサービスを語るだけでなく、「歴女」と呼ばれる女性たちの生態や最新の動向を説明してくれたり、競合も含めたさまざまな歴女向けサービスの情報を知っていると、メディアは「歴女」に関することはこの人に聞いてみようと思うようになるのです。その中で自社のサービスをアピールできれば、社会記号とそのブランドが結びつく確率は高まります。

社会記号と特定商品が結びついたときの効果は、企業にとって絶大です。しかし、社会記号の指定席に座れるブランドは、繰り返しますが、ひとつかふたつしかありません。

この争奪戦を勝ち抜くブランドは社会記号を牽引するようなシンボリックな存在としてメディアにとらえられなくてはなりません。

また、あなたが広報やマーケティングの担当者であるなら、自社商品を語るのではなく現象を語ることのできる広報パーソンを目指すべきでしょう。そうすれば、あなたが担当する商品やサービスが社会記号とともに語られる状況が生まれやすくなるはずです。

第五章　なぜ人は社会記号を求めるのか
——その社会的要請

松井　剛

ことばは現実を社会的に構築する

第五章では、社会科学の理論や概念を使って、本書の根本的な問いである「なぜ人は社会記号を求めるのか?」を検討します。

「巨人の肩の上に立つ」という言い方はご存知ですか? イギリスのロックバンド、オアシスのアルバムのタイトルにも使われている有名な表現で、ニュートンが言ったとされています。二ポンド硬貨に刻印されていることばであり、先人が見つけたり考えたりしたことを活用することで、物事の見通しが良くなる、といった意味で使われます。

私もそのことばにならい、社会科学の理論をつくり上げた巨人たちの肩の上に立って、社会記号の不思議について考えてみます。

まず確認したいのは、社会記号という問題を考える際の基本的な前提となる「現実の社会的構築(social construction of reality)」という考え方です。

ピーター・バーガーとトーマス・ルックマンという昔の学者が書いた *The Social Construction of Reality*(邦題『現実の社会的構成』)という、とても面白いけれど難しい本があります。これは、一九六六年に出版された知識社会学という分野の古典です。「現実の社会的構築」とは簡単にいうと、私たちが現実だと考える客観的な出来事も、しょせん自分たちの頭で考えたことに過ぎず、裏付けとしての根拠は必ずしもあるわけではない、という考え方です。

例えば、「男らしさ」とか「女らしさ」について考えてみてください。

誰が決めたわけでもないのに、牛丼店は男が行くところ、パンケーキ店は女が行くところ、という〝常識〟が私たちにはあります。しかし女性が牛丼店に、男性がパンケーキ店に入ってはいけない、というルールや法律があるわけではありません。しかし現実には、牛丼店には男性客が多く、パンケーキ店は女性客が多い。

また、パンケーキ店にひとりで行くことに躊躇《ちゅうちょ》を感じる男性、牛丼店にひとりで行くことに躊躇を感じる女性も少なくありません。なぜか「牛丼店は男が行くところ、パンケーキ店は女が行くところ」という「現実」が、日本という社会ででき上がっています。すなわち「現実が社会的に構築」されているのです。

なぜ、そんなことが起こってしまうのか？

この問題を考える際にバーガーとルックマンが注目したのが、私たちが多くの物事を「自明視」する、つまり当たり前のものとして疑いなく見てしまう、ということでした。例えば「自由」という概念について、彼らはこの本でこのように言っています。

いかにして〈自由〉という概念が他の社会においてではなく、ある一つの社会で自明視されるに至ったのか、いかにしてその〈現実〉がある社会において維持されているのか、そしてさらに興味深いのは、いかにしてこの〈現実〉が個人あるいは集団全体に再び失われるということがありうるのか（後略）。

ここでバーガーとルックマンは、〈自由〉という概念が、私たちの社会では当たり前のものとして自明視されていると指摘しています。しかし、世界には自由のない社会、自由のない時代もあるわけで、自由とは決して自明なものではないはずです。それにもかかわらず、私たちは自由を自明なものと考えてしまっています。それはなぜなのか、ということが、彼らの問題提起でした。

この〈自由〉ということばを、あえて「癒し」とか「女子」とか「加齢臭」という社会記号に置き換えてみてください。いつのまにか私たちは「癒し」とか「女子」とか「加齢臭」ということばについて、意識することなく、「自由」と同じくらい自明視していることに気づくでしょう。

この「自明視」という問題について考える際に見逃せないのが、ことばが持つ役割です。バーガーとルックマンは、ことばには、物事を（a）対象化して、（b）類型化して、（c）匿名化する役割があると指摘しています。

ことばは個人の感覚を匿名的にする

対象化と類型化については、これまでに挙げた例を考えると分かりやすいでしょう。「加齢臭」ということばが生まれることで、男性の体臭が意識すべき対象として注目されるようになり（対象化）、この種の臭いを「加齢臭」としてカテゴライズするということが一般化します（類型化）。こうしたことは「加齢臭」ということばがない時代には行われませんでした。

このように、ボキャブラリーが異なると、同じものを見ても異なる解釈が生まれることがあるわけです。これがまさに、ことばが持つ対象化と類型化という機能です。

一方の匿名化とは、どのようなものでしょうか？

ことばには私たちの経験を抽象化させて、解釈を方向付ける強制力があります。リラックスしたいときや疲れたときに「癒されたい」と言いますね。これは、ある感覚に「癒し」というラベルを貼ることによって、本来個別的な経験である疲労が、普遍的な経験として抽象化されたのだと理解できます。

Aさんが言う「癒されたい」は身体《からだ》の疲れを取りたいという意味かもしれませんし、Bさんが言う「癒されたい」は仕事のストレスから逃れたいという意味かもしれない。同じ「癒されたい」でも、人によって込められた意味が違う場合があります。しかしAさんとBさんが「癒されたい」と同じことばで語ってしまうと、それを聞いた人は、ふたりは同じ状況にあると考えてしまうのです。

このように、ことばには個別具体的なことを抽象化して普遍的なものに変えてしまう力があります。感覚そのもの（例えば疲労）は自分の経験を個人的なものに限定するものの、ことば（例えば「癒されたい」という表現）は現実を概念的に処理し、それゆえ自らの感覚を迂回《うかい》することを可能にしているのです。

つまり、感覚的知覚が個人的なものであるのに対して、ことばは非常に没個人的(impersonal)なものです。この没個人的性格がゆえに、私たちはことばを使って、主観性を超越して他者とコミュニケーションを行うことができるのです。

ことばは個別具体的なものを指し示すものでありながら、同時に、没個人的なものでもあります。私たちはことばがあるがゆえに、あるいは、ことばの没個人的性格がゆえに、普遍的なものを捉えることができ、他者と普遍的なものについて語り合うことができるのです。

社会記号とは、そのような普遍的な概念を、他者と共有するために生み出されることばだといえます。

社会記号が持つ四つの社会的要請

これまでさまざまな例を見てきたように、普遍的なものを語るためのことば、すなわち社会記号は商業的に日々、生産されています。「エビちゃんＯＬ」「公園デビュー」「加齢臭」「サードウェーブコーヒー」といった社会記号を通じて、私たちは世の中を解釈し、語り合っています。

社会記号とはネーミングだけの問題であるように見えても、それがことばとして成立し、市場を創造することで、そういう具体的なものがあるような実在性を帯びてくるのです。これは資本主義社会に特有なことばのダイナミクスです。

ただし、社会記号にも多くの失敗例がある通り、商業的に生まれたことばが私たちのボキャブラリーに定着することは簡単ではありません。さらには、ことばが生み出され、消費され、陳腐化されると、新しいことばに置き換わります。「ハウスマヌカン」が「カリスマ店員」になるように、モデルチェンジが起こるのです。このマーケティングの論理に基づいて、ことばのライフサイクルはできあがっています。

なぜ人は社会記号を求めるのかという問題を考えるのが、本章の目的です。その基本的な前提として、ことばの没個人的性格や普遍性について考えてきました。これを踏まえてさらに議論を進めましょう。

第三章では、社会記号には呼称・行為・脅威・カテゴリーの四類型があると説明しました。それぞれについて考えるべき社会科学上の概念があると、私は考えています。その対応関係は次の通りです。

（a）呼称：ラベリング
（b）行為：動機のボキャブラリー
（c）脅威：スティグマ
（d）カテゴリー：スキーマ

それぞれの社会記号には、異なった社会的要請があるのではないか、というのが、私の基本的な仮説です。この社会的要請こそが、「ラベリング」「動機のボキャブラリー」「スティグマ」「スキーマ」の四つです。ひとつひとつ見ていきましょう。

ラベリング——良くも悪くもアタマの節約

ひとつ目は、呼称に対応する「ラベリング（labeling）」です。

ラベリングとは、一九六〇年代に、社会学者のハワード・ベッカーが*Outsiders*（邦題『完訳 アウトサイダーズ』）という書物の中で、非行や犯罪をしてしまう人や行動について理解するために考えた概念です。私たちは「非行や犯罪は、本人の問題である」と常識的に考えてしまいます。要するに「悪い人だから悪いことをする」という考え方です。

しかしベッカーは、周囲の人々によるネガティブなレッテル貼りが、「悪人」を本当の悪人にしていく、と考えました。周囲の人が「あいつは逮捕されたことがある犯罪者だから、付き合うのは止《や》めよう」という考え方や行動をとってしまうと、結果としてその人物が社会的に孤立することになり、再び犯罪に手を染めざるを得ない状況に陥る。そう考えたのです。

すなわち、本人の性格や倫理観といったその人の「中身」だけが原因ではなく、周りにいる人々の取り扱い方が、「悪人」を生み出してしまう。これはある種の「予言」が当たってしまうケースといえるため、社会学では「自己成就的予言」と呼ばれています。社会記号が犯罪に走らせるということは滅多にないでしょうが、社会記号の中でも、特に呼称の社会記号は、ラベリングによる自己成就を成立させてしまうことが珍しくありません。

例えば、周りに「エビちゃんOL」だと思われた女性が、そういったファッションや振る舞いをすることで、「男性受け」が良くなることを学習したら、「エビちゃんOL」であり続けようとするかもしれません。

逆に「男性受け」が当人にとって大事な価値でなかったり、それを嫌悪したりする女性であれば、「エビちゃんOL」という社会記号を自分からはぎ取るべく、非「エビちゃんOL」的なファッションや振る舞い方をするはずです。

このように呼称によってラベリングされてしまうと、それを肯定するにしても拒否するにしても、人は何らかの行動や判断を迫られます。

とはいえ、呼称によるラベリングは、対象をステレオタイプ（必ずしも正しいとは限らないベタなイメージ）に堕《おと》してしまう可能性はありますが、他人を理解するときには便利なものであることも事実です。「彼は草食男子だから」「彼女、肉食だから」「君はリア充だね」「あの人、美魔女だよね」と、人はとかく他人をラベリングしたがります。これは人の情報処理能力には限界があるので、とりあえずラベリングをすることでアタマを使わずに済ませようとしているのです。これを「思考の節約」といいます。

動機のボキャブラリー——人は分かりやすい説明を求める

ふたつ目は、行為に対応する「動機のボキャブラリー(vocabularies of motive)」という概念です。

これは、社会学者のライト・ミルズが一九四〇年に著した"Situated Actions and Vocabularies of Motive"(状況づけられた行為と動機のボキャブラリー)という論文において提起した分析視点です。ミルズによれば、動機のボキャブラリーとは、「なぜそれをしたいのか」「なぜそんなことをしたのか」を説明するためのことばということになります。

「なんでこんなことをしてしまったんだろう」と自分がしたことを後から不思議に思う経験はあると思います。私たちは、「なぜそれをしたいのか」「なぜそんなことをしたのか」、つまり行為の理由をいつもはっきりと説明できるわけではありません。しかし、その行為をした理由を他人に説明しなければならないときがあります。そんなときには、動機を語る場合があります。つまり、動機のボキャブラリー、すなわち、ことばを通じて他人とコミュニケーションをしているのです。

私たちは常識では判断できない出来事に直面すると「説明」を欲しがります。その説明が力を持つのは、真実という裏付けがあることよりも、まず納得感があり、他人とそれが共有できるものであるかどうかになりがちです。

例えば、誰かと結婚したい理由を言うときに、「大好きだから」「支えてあげたい」という答えは好ましいものと解釈されます。しかし「金持ちだから楽ができる」「夢のお告げがあったから」などという答えは、たとえ本音であっても不適切と解釈されやすいです。だから体裁を取り繕うために、無難な答えをするのが普通です。こうして建前としての動機のボキャブラリーが成立します。

鈴木智之氏の『「心の闇」と動機の語彙《ごい》』が、犯罪報道を分析する際に着目したのは、「心の闇」という常套句《じょうとうく》でした。皆さんも新聞やテレビの報道で耳にしたことがあるでしよう。こういった決まり文句（ボキャブラリー）で犯罪の動機を表現するのは、非常に分かりやすいことです。しかしそれは、何となく分かった気になっただけで、罪を犯した人の真なる動機を理解することを妨げている可能性があります。動機のボキャブラリーが思考停止を生み出しているのです。

とはいえ、動機のボキャブラリーは必ずしも悪いものばかりではありません。行為を表す社会記号の中には、ネガティブに捉えられていたイメージを払拭する動機のボキャブラリーを提供してくれるものもあります。その好例が「婚活」です。

出会いのサービスを利用するなどして、（特に女性が）結婚相手を探すことには、なんとなく後ろめたいイメージがありました（これは次で説明するスティグマの典型例です）。しかし、仕事探しに積極的に取り組む姿勢を表す「就活」ということばをアレンジすることで、結婚相手探しに積極的に取り組むことについてのポジティブなイメージができあがり、出会いのサービスを利用する敷居が低くなったのです。

「婚活」という社会記号ができたことで、本人も引け目を感じずに済むようになり、「婚活しています」と言われたほうも、特に違和感を持たず納得できるようになりました。動機のボキャブラリーのポジティブな側面です。

こうした事例から、行為の社会記号にある動機のボキャブラリーという側面は、ことばを通じたコミュニケーションを、良くも悪くも円滑にする役割を果たしているといえそうです。

スティグマ――社会的に構築される規範

三つ目は、脅威に対応する「スティグマ（stigma）」です。スティグマとは、身体障碍《しょうがい》者《しゃ》や娼婦《しょうふ》といったある種の人たちに対して付与された否定的なイメージであり、身体的に不自由なことや身体を売るといった「属性」を有する人物に対して与えられた烙印《らくいん》が、差別や排除を生み出すことを指しています。

スティグマを生み出す属性は、具体的には、（1）身体的な負の特質、（2）個人の性格上の問題、（3）人種、民族、宗教など集団に求められます。

ただし、この概念を一九六三年に著した*Stigma*（邦題『スティグマの社会学』）で提唱したアーヴィング・ゴフマンは、こうした属性を有することがスティグマの直接的な原因であると単純には考えていません。

例えば、社会的ステイタスが低く見られがちな職業に就いている者にとっては、大学卒という自分の属性はかえって隠すべきものになりがちです。なぜならば、そのような職業に就いている限り、大学卒という属性は「失敗者」というスティグマを与えるからです。あるいは、かつて離婚を経験した者には、「一人前」の大人として失格であるという烙印が与えられていました（離婚という属性によるスティグマ）。しかしその後「バツイチ」という社会記号が普及したことで、現在では離婚に対する否定的なイメージは和らいでいます。

このようにある属性は、スティグマになる場合があるし、ならない場合もあります。それは時代によって変わることもあります。すなわち、スティグマは社会的に構築されたものであり、「属性とステレオタイプの間の特殊な関係」なのです。

ゴフマンの観察によれば、スティグマを有する人々は普通の人たち（the normals）と接触する際に、羞恥心や自身への強い嫌悪を感じ、防御的で萎縮した反応をとることがあります。こうした状況を避けるために彼らは、「スティグマ管理（stigma management）」を行います。例えば、目の不自由な人がサングラスをかけるように、スティグマの証《あかし》となる外見的特徴や個人情報となるものを隠すのです。

脅威に関する社会記号の多くは、スティグマが与えられることで生じるリスクを強調します。「ハリトシス」があると女性は結婚のチャンスを逃すといい、「加齢臭」は中年男性なら体臭に気をつけないと嫌われるといいます。

最近の例だと「脇汗」という社会記号もそうです。臭いや汗のせいで人から嫌われたり避けられたり笑われたりするリスクを、人は負いたくありません。その気持ちをテコにしてモノやサービスを売ってしまうことができるのです。そうしたモノやサービスは、まさにスティグマ管理のための手段です。

しかし同時にいえるのは、第三章で述べたように、スティグマに関わる社会記号は、必然的にセンシティブな問題を取り扱わざるを得ない、ということです。さらにいうならば、差別や偏見などの拡大にもつながりかねません。スティグマ管理の手段としてモノやサービスをアピールする場合には、倫理的に慎重な判断やコミュニケーションが求められます。そうでないと、当然、消費者から反発されたり「炎上」したりする危険性があるということに十分に留意すべきです。

その一方で、スティグマをもたらす社会記号は、ラベリングと同様に思考の節約を実現していることも強調されるべきでしょう。脅威は、何がNGで何がOKなのか、という「規範」を明確に示してくれます。

口や体が臭いのはダメ、脇に汗がにじみ出ているのはダメ、という「指示」が出ており、そのスティグマ管理の方策もまた提供されているのです。「自分はこれさえ気をつけていればOK」とか「あの人はこれができていないからNG」という極めて自動的な判断を可能にしてくれるのです。

考えてみたら、なんで口臭や体臭や汗について、いちいち指図されなければならないのか、と思う人もいるでしょう。私は、かつて薄手の機能性下着を買おうとしたところ、パッケージに「加齢臭対策バッチリ!」と書いてあったのを見つけて、げんなりしたことがあります。たとえ加齢臭を気にしない人であっても、気にさせるようなマーケティングが行われることがあるのです。

あくまでもスティグマをめぐる規範は、社会的に構築されるものです。絶対的な善悪ではありません。しかし人間は、自分たちがつくり上げたルールに縛られる矛盾をはらんだ存在なのです。この矛盾に光を当てる概念のひとつがスティグマです。

スキーマ——物事を見るためのメガネ

四つ目は、カテゴリーに対応する「スキーマ（schema）」です。

スキーマとは、社会心理学の極めて一般的な概念です。簡単にいうならば、物事を見るための「メガネ」にあたります。どのようなメガネで物事を見るのかに応じて、物事の見え方が変わることを表しています。

具体例で考えてみましょう。日清食品の「カップヌードルごはん」を食べたことがありますか？　食べたことがない人でも、名前から「カップヌードルの味付けでごはんを食べるのかな？」となんとなく想像できそうです。このネーミングの優れたところですね。

もともと「カップヌードルごはん」は、電子レンジで調理できる炊き込みご飯「ＧｏＦａｎ（ゴーハン）」でした。消費者にとって電子レンジがもっとも身近な調理器具であることに着目して、二〇〇九年に発売された商品です。

しかし「ＧｏＦａｎ」はまったく人気が出ませんでした。なぜならば、簡便な食品として消費者がまず思い浮かべるのは「お湯をかければ三分でできる」カップ麺だったからです。この固定観念が強く定着していたため、お湯と同じぐらい簡便であるにもかかわらず、電子レンジでの調理が面倒だと思われてしまったのです。

そこで日清の開発担当者は、二〇一〇年にネーミングを「カップヌードルごはん」に変えました。「カップヌードルがごはんになった！」と、これがカップヌードルの派生品であることをアピールしたのです。パッケージには「カップヌードル味のご飯」ということが誰にでも分かるように、カップヌードルの色やロゴをそのまま利用しました。その結果、あまりの人気のため品切れが起こり、発売四日で一時販売休止になるほどの大ヒット商品となりました。

馴染《なじ》み深い「カップヌードル」ブランドをスキーマとして消費者に提示することで、電子レンジで調理する即席炊き込みご飯も、カップヌードルと同様に、簡便で美味《おい》しいという連想を形成することができたのです。新商品を馴染み深いスキーマに〝寄せた〟わけですね。

「カップヌードル」はブランドの名前であり、社会記号ではありません。しかしカップ麺というカテゴリーの代表例です。「カップ麺といえば？」と聞かれたら、まず「カップヌードル」を思い浮かべる人は多いでしょう。代表例だというのは、そういった意味です。

カテゴリーが商品世界に秩序を与える

カテゴリーはスキーマそのものです。しかしすでに定着したカテゴリーはともかく、これから新しいカテゴリーをつくることは大変な作業です。カップヌードルの例を踏まえると、カテゴリーとしての社会記号をつくる際に大事なポイントは、代表例を消費者に認知させることになるでしょう。

例えば「エナジードリンク」ならばレッドブル、「サードウェーブコーヒー」ならばブルーボトルコーヒー、「渋谷系」ならば小沢健二、といった具合です。レッドブル、ブルーボトルコーヒー、小沢健二が、それぞれのカテゴリーのスキーマを形作っているのです。

すでにレッドブルが代表例となっている「エナジードリンク」市場に、新規企業が参入する場合、レッドブルと似たものを投入することもあれば、あるいはニッチを狙って、レッドブルとはまったく違う特徴を持った商品を投入することもあるでしょう。しかしどちらの場合でも、レッドブルという代表例が「準拠点」として作用していることが大事なポイントです。

このいずれの企業も、レッドブルを参照して自社のポジションを考えます。こうした競合ブランドのマーケティングによって、エナジードリンクというカテゴリーでは、ますますレッドブルが代表例としての地位を強めるのです。嶋さんは社会記号には「ひとつかふたつのブランドの指定席しかない」と指摘していますが、その考え方とも符合しています。

そして、ここにも「思考の節約」があります。世の中には数え切れないほどのモノやサービスが売られています。売り手であろうと買い手であろうと、それを理解するためには、何らかにカテゴライズするしかありません。

「スターバックスとは違う感じのオシャレな新しいコーヒーショップが人気あるみたいだけど、いったい何なんだろう?」とか、「リポビタンDと同じ栄養ドリンクみたいだけど、缶に入っているし、オヤジよりも若い人に人気があるやつ、いったい何だろう?」と思ったことがあるはずです。そういった疑問に「あれはサードウェーブコーヒーだよ」とか

「あれはエナジードリンクだよ」とスキーマを提示してもらうことで、なんとなく納得できるわけです。カテゴリーは、無数にある商品世界に秩序を与えているのです。

人々が社会記号を求めるワケのまとめ

ここまで、社会科学の理論や概念を用いて、人々がなぜ社会記号を求めるのか、ということを考えてきました。簡単にまとめると次のようになりそうです。

- 呼称という社会記号は、他人をラベリングして思考の節約をしたいという私たちの気持ちに応えるものである。
- 行為という社会記号は、なぜそれをするのかという説明をする際にみんなが納得しやすい理由、すなわち動機のボキャブラリーが欲しいという私たちの気持ちに応えるものである。
- 脅威という社会記号は、何がスティグマなのか、またスティグマ管理のための手段が何なのかをハッキリさせたいという私たちの気持ちに応えるものである。

●カテゴリーという社会記号は、無数にあるモノやサービスを整理整頓するためのスキーマが欲しいという私たちの気持ちに応えるものである。

さて、ここまで抽象的な話が続きました。これまでの議論の内容を実際の分析に活《い》かすことができるのでしょうか？　それを確認するために、最後に私が調べてみた「女子会プラン」について見ていきたいと思います。

社会記号と市場のケーススタディ「笑笑の女子会プラン」

二〇〇九〜二〇一〇年にかけて、リクルートライフスタイルのクーポンマガジン「HOT　PEPPER」では、女性だけが集まる「キラキラした女子会」という提案をしていました。それはダイニングレストランでやるようなオシャレなものでした。当時、人気があったアメリカのドラマ『セックス・アンド・ザ・シティ』のようなイメージでやる「ハレの日」需要に応えるものとして、「女子会」は提案されていたのです。

しかし二〇一〇年に「HOT　PEPPER」は、「笑笑」を運営するモンテローザと共同で、居酒屋で行う女子会プランの提供を始めます。それまでイメージされていた「女子会」とは違う提案をするようになったのです。

この事業を担当した徳重浩介氏（リクルートマーケティングパートナーズ／リクルートライフスタイルより出向）は、その理由についてこう述べています。

徳重氏が女性の行動をいろいろ調査して発見したのは、女性だけで食事に行くとき、実は居酒屋に行くことが多い、という意外な事実でした。女性は居酒屋を避けると思いがちですが、実はそれほど本人たちは気にしていなかったのです。サワーやカクテルと一緒に軟骨唐揚げを食べるといったように、甘い飲み物と脂っこい居酒屋メニューを一緒に注文して食べているということも分かったそうです。

このような実態が発見されたので、居酒屋であっても「女子会」という冠を付ければ、つまり名前を与えれば、必ず売れる商品になる。そう徳重氏は確信します。

しかし、居酒屋での「女子会プラン」というアイディアに対して、当初、社内からは批判の声が多かったといいます。ひとつには「女性同士で居酒屋には行かない」という先入観。もうひとつは、従来、「HOT　PEPPER」が提案してきた「キラキラした女子会」のイメージが壊されるからでした。

ようやく実現にこぎつけた居酒屋での女子会プランがターゲットにしたのは、主婦や学生、一般職のOLなどです。こうした人たちは一回の食事に三〇〇〇円から、多くて四〇〇〇円程度しか使いません。そこで「三〇〇〇円で三時間の飲み放題・食べ放題」としました。おしゃべりはしたいが、二次会にはあまり行かないという女性たちにとって、三時間というのはちょうど良い時間設定であり、食べ放題はいろいろなものを少しずつ食べたいというニーズに応えるものでした。つまり、徹底して実際に確認できた事実からプランをつくり込んだのです。

メニューについても、コラーゲン入りなど女性ウケするものをそろえ、四〇～五〇種類もある内容を二～三カ月ごとに変更していきました。

特に、このプランを利用した女性たちから好評だったのは、ハーゲンダッツのアイスクリームを食べ放題のメニューに入れたこと。これをメニューに入れたのは、ちょっとした自分へのご褒美として、コンビニで買ったハーゲンダッツを食べる女性が多いという実態が分かったからでした。ハーゲンダッツは、モンテローザが狙っていた「プチ嬉《うれ》しい女子会」というコンセプトに合ったのです。

このプランのためのキャラクターや、あぶらとり紙のようなグッズもつくりました。また、テーブルにオシャレなランチョンマットを置いたので、これを撮影してTwitterなどSNSにアップする人も多く、あっという間に笑笑の女子会プランの知名度は上がりました。

このように計算し尽くされた「女子会プラン」は大ヒットしました。売上減に悩む居酒屋にとって、女性客を増やす意味で大きな成果があったそうです。さらにいえば、女性客は午後五時など早い時間に来店することが多いので、遅れてやって来る男性客と被ることもなく、全体の客数が増えて、店の回転率も高まりました。「女子会」という新たな消費行動をしっかりと捉えた商品になったのです。

ただし、ここで大切なことは、流行にいち早く乗ることではありません。たとえ世間で「女子会」が話題になっていたとしても、実態として確かなニーズがない限り、冠を付けても上手《うま》くいかない。そう徳重氏は強調します。

では、実態があるかどうか、どのように判別するのでしょうか？

徳重氏は、顧客の気持ちになる、つまり「憑依《ひょうい》する」しかないと言います。笑笑の女子会プランを立ち上げる際には、女性客の多いソニープラザに何度も通い、彼女たちの感覚と自分の感覚にズレがなくなるほど、「女子目線」を憑依させたそうです。

しかし、これだけ成功した「女子会プラン」を、モンテローザは独占しませんでした。「HOT　PEPPER」では、モンテローザ以外に対しても、クーポンで三時間の女子会プランを提案しています。これはモンテローザ側としても、女子会という冠を独占するより、業界の多くの居酒屋が同様のプランを提供するほうが、全体のパイが広がり、結果的に自社に利益をもたらすと判断したからです。

笑笑は女子会のパイオニアであり、事前には成功するかどうか分からない挑戦をしたという意味で、リスクをとりました。だから他社が追随しても、パイオニアとしての評価が定まっているため、女性たちは笑笑の女子会プランを選んでくれる確率が高いのです。

また、「HOT　PEPPER」が他の居酒屋チェーンに女子会プランを提案する場合は、その業態に合わせて少しずつ内容を変えています。若い女性客が多いチェーンにはシャンパンを入れたり、別のチェーンではもっとヘルシーなメニューを充実させたりしています。

もちろん、「女子会」という冠は変えていないのがポイントです。「HOT PEPPER」にとって重要なのは、担当するクライアントが儲《もう》かること。「女子会」という冠をある特定のクライアントが独占してしまうと、市場が拡大せず、やがては衰退し、結局、どのクライアントも利益が得られなくなります。市場を拡大するために「HOT PEPPER」では、「女子会プラン」があるお店一覧などの情報提供をすることで、この冠を積極的にプッシュしています。

女子会プランが成功した理由を分析する

社会記号という観点から、この「女子会プラン」はどのように解釈できるでしょうか？

人気を博した理由について前出の徳重氏は、「女子会」という「冠を付けた」ことで、女性同士で居酒屋に行きやすくなったことが大きいと説明しています。

名前が付くことで、女性が居酒屋に集まる「きっかけ」ができました。また、夫や彼氏などにも「女子会に行く」と説明がしやすくなり、女性だけで集まることの「後押し」もされました。居酒屋の食べ飲み放題プランと「女子会」という社会記号をくっつけたことで、結果として、女性だけで呑《の》みに行くことのネガティブなイメージが払拭されたのです。「女子会」という社会記号は、単に飲食業界において市場を創造したというだけでなく、女性がやりたくてもやりづらかったことのハードルを下げるという意味で、価値観も変化させたわけです。

ここで、本章で説明してきたラベリング、動機のボキャブラリー、スティグマ、スキーマという四つのキーワードを思い出して下さい。

「女子会」は「女子」が参加するものです。すでに説明した通り、この場合の「女子」という呼称は大人の女性を指します。昔はなかった「女子」というラベリングをされることで、年齢が上の人も若い人と同じ行動をしても良い、というイメージが形成され、飲食業界の市場が拡大しました。

「女子会に行く」という行為は、まさに動機のボキャブラリーです。妻が外に呑みに行くことを好まない夫でも、そう言われたらなんとなく納得してしまうでしょう。

「女子会」という社会記号は脅威ではありませんが、「女性たちが居酒屋で呑む」ことのネガティブなイメージ、つまりスティグマをむしろ消すことができました。社会記号はスティグマをつくり出す一方で、社会記号によってスティグマが解消されることもあるわけです（婚活の例を思い出して下さい。結婚相手を探す女性に貼られたスティグマが「婚活」という社会記号によって、プラスのイメージに変換されました）。

今や「笑笑」に限らず、多くの飲食店やホテルなどで「女子会プラン」が提供されており、そう聞いただけでなんとなく、どういった内容のプランかイメージできます。「女子会」というカテゴリーは、もはや私たちのスキーマとして成立しているのです。

このように「女子会」は、対象化され、類型化され、匿名化されることで没個人的な性格を持つ普遍的なことばとなりました。そして、女性同士で呑み会をすることが当然視される現実を社会的に構築したのです。

この章では、「巨人の肩に乗って」、つまり昔の学者のアタマの使い方を借りて、社会記号が求められる理由を考えました。その上で、私たちにも馴染み深い「女子会」という社会記号のケースについて見てみました。古い話から、いきなり最近の話に飛んだので、驚いた人もいたかもしれません。しかし昔の学者の言っていることが、今日的な出来事にも当てはめることができる、ということを体感することができたのならば、うれしく思います。これは、まさに温故知新です。

温故知新は、過去と現在という対極をつなぐということです。この本は、それだけでなく、実務と研究という対極をつなぐという試みのもとで書かれています。この章まで、嶋さんと私が交代で議論をしてきました。では、実務家と研究者は、お互いの社会記号に対する見方について、どのように考えているのでしょうか？　次の章では、これまでの議論を振り返る意味も込めて、実務家と研究者の対話を繰り広げてみたいと思います。

第六章　対談　誰が社会記号をつくるのか

嶋　浩一郎・松井　剛

社会記号はコントロールできない

松井　この章では、これまでの議論を振り返るとともに、「誰が社会記号をつくるのか？」ということを、実務家である嶋さんと話し合ってみたいと思います。というのも、社会記号とマーケティングの話をすると、ほぼ必ず、「でも、広告代理店が仕掛けているからブームになるんでしょう？」という質問が出るからです。

嶋　松井さんと講演をご一緒したときも質疑応答でありましたね。

松井　ある種の陰謀論ではありますが、嶋さんは何と答えますか？

嶋　企業側がマーケティング戦略によって一方的に社会記号をつくることは難しい時代になっていると感じています。例えば、企業が社会記号を生み出そうとコピーライターにネーミングを発注したとします。しかし、このようにして生まれたことばはたいてい社会に定着しないのです。社会記号はコピーではありません。一方的に企業が言いたいことを言語化しても記号は普及しません。

松井　コピーライターということばのプロが考えたものでも、世の中には広がっていかない？

嶋　まず、メディアがそれを取り上げない。よく企業のプレスリリースに「〇〇現象」が流行《はや》っていますみたいなことが書かれることがあるのですが、新聞やテレビのジャーナリストからすれば、それをそのまま鵜呑《うの》みにはできないわけで、「ちょっと待てよ」ということになるのです。

松井　そもそも企業からの情報だけでは、本当に流行っているかどうか判断できる客観的な証拠がない。

嶋　そうですね。メディアは、本当にそういう現象が存在するのかは企業に教えてもらうものではなく、メディア自身で発見したいというメンタリティを持っているのです。その現象を裏付ける客観的なデータを提示していたとしても、メディア側がそう簡単に記号を報道するわけではありません。メディア自身がその現象を検証する必要があるからです。一部の新興ネットメディアがプレスリリースをそのまま記事にしてしまうケースも見受けられますが、特に新聞やテレビの報道が広告のキーワードをそのまま使うことはほぼないと考えていいでしょう。このことをしっかり理解していないと、いくら大量のマーケティング予算をかけてことばをアピールしても失敗するのです。

もちろん、第二章で書いたように「カエルコール」や「朝シャン」のようにテレビコマーシャルが発信源になったケースもあります。これらの広告が生活者に共感され、実際に家に帰る前に電話する人や、朝シャンプーをする人が現れた。その現象をメディアが記事にしていったわけです。これらの社会記号はともに一九八〇年代に生まれましたが、テレビコマーシャルが人々の行動を変える力があった時代だったのですね。実際には、多くの社会記号はメディア同士がお互いの記事を参照しながら、ジワジワと増殖していくのです。

松井　メディア同士が互いに動きを見合うというのは、別に談合しているというわけではないですよね?

嶋　談合はないですが、空気の読み合いみたいなことは確実にしていると思います。

松井　このメディアも使っているし、あのメディアも使っている、というのを横目で見ながら、「これなら自分たちも」と採用していくわけですか。

嶋　そうですね。逆に企業側が意図したわけではないのに、自社の商品やサービスが社会記号とともに語られるケースも多々あるわけです。例えばメディアが、戦国武将が主人公のゲームが女性にヒットしているという事実を見つけると、戦国武将に萌《も》える女性が存在することをひとつの現象として報道したいと考えるわけです。すると、その新現象を捉える「歴女」ということばがメディアによって開発されます。

もうひとつ重要なことは、「○○現象」を伝えるとき、メディアはより説得力を持たせるために複数の事例を提示したがるのです。戦国武将キャラが出てくるゲームが売れているという事実だけではなく、女性誌が歴史をテーマにしたら売上げが伸びたとか、お城巡りをする女性が増えたとか、メディアは「歴女」現象を説明するための事例をいくつか探し出すのです。間もなく他のメディアもその報道を後追いするようになり、「歴女」というワードはさまざまなメディアで露出を増やし存在感を増していきます。そして、その過程で他の事例も次々と発見されていきます。

その情報増殖の波に乗ろうと、地方自治体や観光団体がゲーム会社とコラボした観光キャンペーンを実施したり、イケメンを集めた武将隊をつくったりする。これらの事例が「現象の証拠」としてさらに報道され、人々はブームが広がっていくことを実感するのです。

このようにメディアが新しい現象を発見するプロセスの中で、社会記号と戦略的に結びつこうとする企業もありますが、意図しなくてもある社会記号とともに商品やサービスが報道されるケースも多々見受けられます。メディアの現象発見欲求と、企業側のマーケティング戦略のせめぎ合いの中で、社会記号とそれを代表する事象が決まっていくのです。社会記号はさまざまなプレイヤーの意志と偶然が絡み合って生まれるのです。企業は新聞の見出しをお金で買えるわけではないですから、そこはマーケター側の意図がどうあれ、その生成プロセスを思い通りにコントロールすることはできないわけです。

松井　社会記号は誰かが仕掛けてコントロールできるものではない、ということですね。それは本書において、とても大事なポイントだと思います。

北朝鮮やナチス・ドイツのような報道が厳しく統制された国では、第三章で触れた「皮下注射モデル」的に、国民はメディアから流れてくるメッセージによって、それを注射で刺されるようにコントロールされやすいということは知られています。しかし、今の私たちの国は、誰かが右を向けと言ったら、みんなが右を向くという社会ではありません。だからあくまでも、社会に流通することばというのは、世の中に存在する企業やメディア、そして私たち生活者といったプレイヤーの相互作用の中から生まれてくるわけです。

嶋　自分でつくりたいけれどもつくれない。だから、社会記号について考えるのは面白いのです。

先入観が消費者ニーズの発見を妨げる

松井　「誰が社会記号をつくるのか？」と考えたときに、身も蓋もない結論として私が「これはあるかな」と思ったのは、第五章でも紹介した「HOT　PEPPER」の「居酒屋で女子会プラン」です。

嶋　あれはいい例でした。

松井　そこで「HOT　PEPPER」側の仕掛け人の方がおっしゃっていたのは、「冠を付けるにはファクトがなければダメだ」と。「居酒屋で女子会プラン」だって、もともと「女性同士の居酒屋利用が増えているな」という実感があったからブームになったわけです。つまり、消費者ニーズがあるところにことばをつくると、社会記号が生まれるのではないかと思ったのです。結論として、まったく面白くない話ではありますが（笑）。

嶋　消費者ニーズがないことばは社会記号にはならないということですよね。それは正しいと思います。第二章で社会記号は「人々の欲望の暗黙知」を言語化していると説明しましたが、そもそも誰も気がついていないときに、消費者ニーズを見つけるのが大変なのですよ。「最近はゲームセンターが高齢者の集会所として人気になっている」というニュースを紹介しましたが、今や当たり前のものとして認識されています。老眼鏡貸し出しサービスや血圧計まで置いてあるゲームセンターもあるわけですし。でも、最初に誰かが言い出したときは、「本当に!?」と思われたはずなのです。

ゲームセンターは若者のものだったのに、なんだか最近、高齢者のお客さんが増えている気がする。それを「たまたまだ」と考えずに、背後にあるニーズを探ってみた。すると、高齢者の方にとってのゲームセンターは、長時間いてもお金がかからないし、何よりも地元の友人と気軽に集まることができる場所だった。だから、仲間で盛り上がることができるシニア向けのゲーム大会を開催したら喜んでもらえるのじゃないか、と考える人が現れた。

最初にそう考えた人はすごいマーケターなのですよ。ニーズがあるから具体的な企画が出てきてヒットするわけですが、そもそも来店の目的をお客さんがことばで明確に説明してくれるわけじゃない。「定年退職しても仲間に会いたいからゲームセンターに来ているんだ」なんて合理的に他人へ説明できる人なんて、滅多にいないわけです。

松井　確かに「ＨＯＴ　ＰＥＰＰＥＲ」のケースでも、最初に「居酒屋で女子会プラン」を提案したときに、すでに事実として女性同士で居酒屋を利用する人が多いということが分かっていたのにもかかわらず、社内からは「女性同士で居酒屋には行かない」という先入観による反対意見が多かったそうです。

嶋　「このブランドはこうあるべき」と思い込んでしまっているケースもありますね。「ゲームセンターは若者のものであるべきだ」と決め付けてしまうと、高齢者のお客さん向けのイベントを提案しても、「ジジ臭いから止《や》めようよ」となってしまう。

松井　ターゲットの側もマーケターと同じステレオタイプを抱えている可能性がありそうですね。自分は年寄りだからゲームセンターになんか行かないと思っていた人、女性同士で居酒屋なんて行かないと思っていた人は、現象として顕在化されるまで実はかなりいたかもしれない。でも、そこに「ゲームセンターでシニア向け大会」とか「居酒屋で女子会プラン」という具体的な提案が与えられたことで、ステレオタイプを抱えていた人も「だったら行ってみよう」となった。

その意味では、新しい市場というのは、人々が持っている固定観念を裏切ることばを与えることによって、その裾野を広げていくことができるといえるのではないかと思います。

例外として見るか、予兆として見るか

松井　こうした消費者ニーズの新しい萌芽《ほうが》に気がつくことができるマーケターというのは、何か他の人とは違う指標のようなものを持っているのでしょうか？

嶋　何か具体的な指標があるわけではないからマーケティングは難しいんですよね。例えば「おひとりさま」にしても、「上司と飲みに行くのは面倒くさい」「自分がしたいことをするために他人に気を遣いたくない」という潜在的な欲望を持っていた人がいたから、ことばができると爆発的に広がっていったわけです。

しかし、そういう発言は従来の社会的な暗黙のルールから外れていて、もしかしたら仲間外れにされてしまうかもしれないというリスクがあった。だから、みんな口に出せなか

ったという側面もあって。そこで勇気を持って、「私は行きません」と言い切る少数の先駆者がいたから、「実は私も思っていた」と後に続く人が出てきたわけです。その先駆者にどうしたら気がつくことができるかというのは、すごく難しい問題です。つまり、ファーストペンギンを世の中から見つけるということなのですが。

松井　一方、嶋さんが本書で言及してきた雑誌発の社会記号のように、特定のコミュニティから生まれることばというものもありますよね。雑誌の読者である一〇万人、二〇万人のコミュニティを定点観測のように見続けていたら、新しい消費者ニーズの萌芽に気がつきやすいということはありませんか?

嶋　それはあると思います。光文社の「VERY」がブリヂストンと一緒に、一〇万円を超えるママ向けの電動アシスト自転車をつくって大ヒットさせました。それまで「そんな高額のママチャリが売れるわけない」と思われていたにもかかわらず、「従来のママチャリに不満を持っているユーザーはたくさんいるはず」「もっとデザインをおしゃれにしたら値段が高くても買ってもらえる」と考えたわけです。

つまり、「VERY」編集部は、若いママの「ママチャリがもっとおしゃれだったらいいのに」という欲望を発見し、それに応えたから大ヒットさせることができた。ただ、いくら日常的にターゲットと接していても、そういう欲望に気がつくことができる人とできない人がいて、できる人はものすごく少ない。

松井　「HOT　PEPPER」の「居酒屋で女子会プラン」も、「女性グループの来店が増えている」という事実を示されても、会社からすぐに納得してはもらえなかった。事実は事実だけど、「あくまでこれは例外だ」と捉えてしまうのかもしれません。

嶋　例外事例として見るか、新しい欲望の萌芽、予兆として見るか。そこの違いは大きいですね。個人的なことをいうと、第二章で本屋大賞設立のきっかけについて、直木賞に対する書店員たちの不満を聞いたからだと説明しましたが、私は同じ現象を三、四回続けて目撃したら、それは例外ではなく、何かの予兆なのだと考えるようにしています。

松井　多分、その嶋さんのロジックは学問の世界でいう「逸脱事例」という概念と近いものだと思います。例えば、フロイトは、社会の中では圧倒的なマイノリティである精神病の患者（＝逸脱事例）を調べることによって、人間の普遍的な問題を捉えることができると言い、「精神分析」という学問をつくり上げました。

これは経営学の研究者にもある考え方で、組織文化の研究をするときに、典型的な事例を調べるのではなく、いい意味でキャラクターが立っている変わった組織を調べる。そうすることで、組織の普遍的な問題をあぶり出すことができると考えるのです。

嶋　なぜ、そうした「逸脱事例」の研究は少数派を調べているにもかかわらず、論証の仕方として正当性があると認められているのですか？

松井　石井淳蔵というマーケティング研究の世界で有名な方がいらっしゃるのですが、この石井先生が『マーケティングの神話』という名著を上梓《じょうし》されています。その中にマーケティング調査の手法の違いについて述べた「定量は過去、定性は現在、予兆は将来」という有名な一節があるのです。

「定量は過去」というのは、要するに、すでにデータとしてあるものを調べても「過去こうだった」ということが分かるに過ぎないということ。「定性は現在」というのは、調査対象をインタビューして数値に表れないものを探っても、言語化されている時点で、「今はこうだ」ということが分かるだけで、未来を予測する材料としては十分ではない。

そうではなくて、未来を予測するためには、生活者も自覚していない潜在的なニーズを

「予兆」から探ることが重要であると石井先生は述べているのです。逸脱事例というのは、全体の中では少数であるからこそ、そうした「予兆」が現れるケースとして重視されているのです。

データを解釈する人間こそ重要だ

嶋　それでいうと、私はビッグデータから生活者の動向を予測するデータサイエンティストは、未知の欲望を見つけることはなかなか難しいのではないかと思っています。データになっている時点で、既存の欲望の整理整頓をしているだけだと思うんですね。

ネット上のビッグデータを調べていったら、ポテトチップスでコンソメ味が好きな人は、サンドウィッチならハムチーズが好きだと分かるなんてことは確かにあります。これまで見つけられなかった欲望と欲望の相関関係がビッグデータを使えば発見できるから、コンソメ味のポテトチップスをコンビニで買った人のレシートの裏に、「ハムチーズのサンドウィッチもいかがですか?」と提案する新しいマーケティングもできるようになると。

でも、「アラフォーになってもセクシーでいたい」とか「ママチャリがもっとおしゃれになってほしい」といった、そもそもデータ上に表れていない欲望の萌芽の発見は、ビッグデータの分析だけでは難しいと思うのです。というのも、データには表れていたとしても、その事実をどう捉えるかは人間次第だからです。

松井　結局、データを解釈する人間の問題なのですよね。仮に人工知能がもっと発展しても、それは変わらないと思いますか？

嶋　同じような話題について以前、テクノロジー雑誌の「ＷＩＲＥＤ日本版」初代編集長だった小林弘人さんとお話ししたことがあります。そのときは「ＡＩ時代に人間の編集者は不要になるのか」というテーマでしたが、小林さんも欲望、つまりインサイトの発見はＡＩにはできないだろうと語っていました。

ビッグデータで情報の整理整頓はできる。コンビニのおでんでいえば、こういう人はこういう具も好きだといったことは分かる。でもセブン‐イレブンがやった「夏におでんを売ろう」という提案の成否は、前例がないからデータからは分からない。多くの人も「夏におでんかよ」と思っていた。それでもセブン‐イレブンは決断して成功を収めたわけで、編集者がやるべき仕事というのは、まさにこういうものですよねという話をしたんです。

松井　嶋さんはそうした〝未知の欲望を発見する能力〟を持った人を「欲望ハンター」と呼んでいますよね。そうしたハンターとして予兆を捉える能力と、予兆を社会記号として言語化する能力というのは、別物なのでしょうか？

嶋　本質的には違う能力だとは思うのですが、おそらく、その両方を兼ねそなえているのは、ジャーナリストや編集者、それから優れたマーケターだと思います。共通しているのは、少数の事例から通底する欲望を見出《みいだ》し、しかもそこに名前を与えることで、現象を社会記号という上位概念で表現することができるということですね。社会現象をひと言でまとめることができるという意味では、一部の政治家も当てはまると思います。

松井　ちょっと前の話でいうと、小池百合子の「都民ファースト」なんて記憶に新しいですね。

嶋　あとは小泉純一郎の「郵政選挙」みたいに、複雑な社会情勢をひとつのキーワードに収斂《しゅうれん》させていくというのは、問題がすり替えられてしまっている可能性は多々あるものの、シンプルなことばで人々の潜在的な欲望をあぶり出すという意味では、欲望ハンターとしてのスキルが高いといえると思います。

松井　ことばで潜在的なものを可視化するという意味では、ドナルド・トランプが選挙期間中に言っていた“Make America Great Again”も社会記号といえるかもしれません。

嶋　トランプは人々の潜在的な不満を捉えて大統領になったわけですよね。不満と欲望はニアリーイコールですから、不満に対する嗅覚を持っているかどうかというのは、マーケターや編集者だけではなく、政治家にも欠かせない能力なのでしょう。

日本のメディア環境の特殊性

松井　そういう政治のことばでいうと、私は「概念はサーチライトである」というタルコット・パーソンズのことばを思い出します。サーチライトであるということは、新しい概念の誕生、つまり社会記号が生まれると、これまで見えなかったものが見えるようになります。しかし、何かに光を当てるということは、同時に何かが影になって見えなくなるということでもある。だから、例えば小池百合子が「都民ファースト」と言ったときに、それだけシンプルなことばで世の中を切り取った背景では、何が見えなくなっているんだろうと意識することは、社会記号との付き合い方として大事なのだと思います。

本書でも「加齢臭」ということばに何度も言及してきましたが、これは男性が体臭を気にするようになり、それを解消しようとする態度を生み出した一方で、ある人にとって「加齢臭」と呼ばれるものは、「おじいちゃんの懐かしい匂い」だったりしたわけです。それを「加齢臭」と括《くく》ってしまうことで、もともとあったポジティブな見方も抹消されてしまった。社会記号化することにより、物事の多様さが消えてしまうリスクがあるということは、覚えておかなければならないでしょうね。

嶋　そこで議論したいのですが、例えば「カロリー0」のゼロ飲料がブームになると、一気に市場に同じコンセプトの商品が出回りますよね。こうした傾向は以前からありましたが、最近はそれがどんどん強まっているような気がするのです。「カロリー0」じゃなければと、みんなが求めるようになる。これはどう分析されていますか。

松井　「べき論」が入ってきちゃうわけですよね。推測ではありますが、インターネットの時代になり、世の中に流通する情報量が爆発的に増えてきたなかで、物事を二分法で単純化する社会記号がすごく増えてきたように感じます。

「リア充」に対する「非リア充」、「肉食」に対する「草食」、「負け犬」ということばだって「勝ち犬」を前提にして成り立っている。社会記号は人間の頭がパンクしないように、思考を節約するためにあるものですが、二分法は単純化するだけでなく、「あなたは賛成、反対のどっちですか？」と二者択一を迫るところがあります。ただ、これはネットの影響だけでなく、もしかしたら日本ならではの現象なのかもしれません。

ブルーボトルコーヒーに代表される「サードウェーブコーヒー」という社会記号が、コーヒーの新潮流として近年話題になりましたが、実は発祥の地であるアメリカでは、自分たちのことを「サードウェーブ」とは言わないそうです。手間をかけたスペシャルなコーヒーを出す店が増えているというだけであって、それをひと括りにして名乗っているわけではない。それが日本に入ってくるときに「サードウェーブ」と名付けられることで、「サードウェーブか、それ以外か」という括られ方になってしまう。

そういうことが起こるのは、日本は全国の隅々までマスメディアが根を張っているので、何千万人という人たちに分かるように単純化して伝えなければならないという意識がメディア側にあるのかなと思うのですが、いかがですか？

嶋　私は、日本は社会記号が発生しやすい国だと思っています。松井さんがおっしゃったように、日本のメディア環境というのは海外と比較すると特殊で、NHKと五つの民放キー局のテレビ番組がほぼ全国で放送され、新聞も一位の全国紙になると一〇〇〇万部近い部数が読まれている。こんなに効率よく多くの人に情報を届けられるメディア構成の国は非常に珍しいのです。だから多くの人が同じ概念を共有するということが起こりやすい。加えて、新聞やテレビは何かを報じる際にコンパクトにまとめなければならないですから、松井さんが指摘された単純化というのは、意識されやすいのではないかと思います。

松井　私がすごく印象的だったのは、「萌え」というネットスラング由来の社会記号が、かなり初期の頃にテレビで紹介されたときのことです。もともとネット掲示板から生まれたことばですから、発話するものではなかったはずなのです。でも、テレビでは「萌え」というものを紹介するときに、オタク風の男性をメイドカフェに行かせて、「萌えーっ!」と叫ばせていました。それがいかにもテレビ的な演出で記憶に残っています。そうやって社会記号をメディアが発話するものに仕立て上げていくことで、私たちの日常会話にも出やすくなる。それも単純化のひとつですよね。

社会記号にはポジティブな面とネガティブな面がありますが、ネガティブな面としては、物事を単純化し過ぎてしまい、人々が思考停止に陥ってしまうということがあると思います。「沈黙の螺旋《らせん》理論」といいますが、マスメディアが二分法で世の中を切り分けていくと、長いものには巻かれろで、自分が少数派だと思った人は黙り、多数派の声がどんどん大きくなり、ひとつの意見が支配的になってしまう。そうした事態を避けるためには、こうしたメディアの構造を俯瞰《ふかん》して観察する視点を身に付けることが大切ですね。

ネット時代の権威はどこか?

嶋　日本は社会記号が生まれやすいメディア環境にあると言いましたが、今はネットメディアの影響力が増してきて、マスメディアの影響力は低下してきたと指摘されています。ただ、それによって社会記号も生まれにくくなるのかどうか。正直に言って、そこはまだ分からない。従来、「日本経済新聞」など主要な新聞の見出しになれば社会記号として定着したとみなしてよかったと思います。例えば、「おひとりさま市場が熱い」みたいな見出しになるとか。そういう役割をネットメディアではどこが担うのか。それが今いち見えそうで見えてこないのです。

松井　それでいうと、嶋さんの感覚として、マスメディアが主流だった時代とネットメディアが席巻していく時代では、ＰＲはどちらがやりやすいですか？

嶋　パブリシティをいかに獲得するかということだけを考えたら、マスメディアが主流だった旧来の時代のほうがやりやすいですね。「めざましテレビ」に露出できれば、一〇〇〇万人が見るというのが日本のマスメディアの特徴だったわけです。

しかしテレビや新聞だけでなく、ニュースサイトや動画サイトもあるというふうに人々が触れる情報チャネルが多様化していくと、ＰＲ活動を通じて世の中の合意形成をどう図っていくかということが難しくなります。例えば、「朝活」という概念を広めたいプレイヤーがいたとして、以前ならいかに「めざましテレビ」に露出するかを考えればよかったのですが、今はメディアの構造がどんどん複雑化している。しかも、ネットメディアにはまだ「ここに露出できれば、世の中に概念が浸透した」と認定できる場所がない。社会記号の定着認定に関してはまだマスメディアのほうが影響力があると思います。

これをもっと突き詰めて考えると、最近は「ネットで話題」という見出しをよくマスメディアが使うようになりましたが、その「ネットで話題」は何人が話題にすれば認定していいのか、明確な基準があるわけではないのです。炎上騒動にしても、ガンガン書き込んでいるのはネットユーザーのごく少数だという研究もありました。それなのに何か騒動があれば「ネットで話題」と報じられてしまう。ネット上の判定基準が見えないままに話題がつくられ、私たちはそれを消費しているというすごいことになっています。

松井　要するに、ヒットやブームというものの定量的な基準が分からなくなっているということですか？

嶋　はい。新聞やテレビなどでもその基準は曖昧でした。新聞は本が何冊売れたらベストセラーと書くのか調べたことがありますが、一〇万部でもベストセラーでしたし、三万部でもベストセラーでした。クルマもヒット商品と書くときに、何台売れたらヒットと言えるのか明確な基準はないのです。ただ、以前は新聞がヒット商品と書くこと自体が、ヒットの認定になっていました。

それがネットでいえば、ヤフートピックスに載ればヒットに認定されたという合意はなんとなく形成されていますが、それだってヤフーが独自にニュースを書いているわけではなく、新聞社やニュースサイトの記事をセレクトしているだけなので、どこのメディアに掲載されたらヒットといえるかという基準は、依然として曖昧なままですね。

松井　私や嶋さんの世代にとっては新聞や雑誌が権威でした。しかし大学で教えている学生たちは、本当に紙媒体を読まなくて、リアリティはスマートフォンの画面の世界にある。彼らにとっては、大学生のブログもヤフートピックスも「朝日新聞」も情報の価値としてフラットです。私たちはネットとリアルというふうに分けて考えてしまいますが、そういう考え方そのものが昭和的なのかもしれないと思うことがあります。

ただ、そういう世代がこれから中心になるから、社会記号は生まれなくなるのかというとそんなことはなくて、学生たちもリア充か非リア充かという二分法で社会を見ていたりするわけです。

嶋　社会記号の認定基準が分からなくなっているだけで、世の中のメカニズムを捉えようとする欲望は、これからもなくならないでしょう。

松井　社会記号を生み出すメディアのあり様は変わっていくかもしれませんが、社会記号そのものがなくなることはないということですね。

社会記号の根底にあるサラリーマン精神

松井　ネットの時代になって社会記号の認定基準が分からなくなっていくとしたら、この対談の最初にあった「誰が社会記号をつくるのか？」という問いには、どう答えたらいいのでしょう？

嶋　誰か特定のプレイヤーがつくるわけではないということは言えますね。

松井　嶋さんがおっしゃったように、メディアも互いを参照し合いながら、「これとこれがそろえば、◯◯現象だと言えそうだ」と決めているとして、それはこれからも変わらないのでしょうか？

嶋　新聞のようなエスタブリッシュなメディアになればなるほど、現象を報じるときに複数の事例を必要とします。一方で、広告の世界ではオンリーワン志向が強い人が多いのです。自社商品のいいところだけを言いたがる。でも、メディアの性質を考えると他の商品、ときには競合商品とセットで語られたほうが露出チャンスは増えるかもしれないわけです。企業側も横を見ながら情報戦を戦ったほうが有利な側面もある。

松井　今風のことばでいうと、メディアは互いに「忖度《そんたく》」し合うみたいなものでしょうか。

嶋　忖度というよりも、慎重だということだと思います。エスタブリッシュなメディアになるほど、発信の責任を感じていますから、ひとつの例だけで何かを言い切ろうとはしない。それは臆病さの表れともいえるかもしれません。

大抵の広報パーソンがメディアの露出を獲得しようとしてくじけるのは、「今こういう新しいことをやろうとしているんですよ」と言うと、メディアから「それは分かったけど、他にも横並び事例はないの？」と聞かれることです。クライアントの露出を確保するために、それ以外の事例も探してこなければならない。つまりメディアは、複数の同じメカニズムを持った事例があると分かったときに、初めて現象として命名するということです。

松井　お話を聞いていて、それはメディアだけでなく、流通にも当てはまるかもしれないと思いました。クラフトビールの代表選手であるヤッホーブルーイングが売り上げを伸ばしていますが、それはクラフトビール業界全体の盛り上がりとセットでなければ実現できなかったはずなのです。

なぜなら、コンビニやスーパーにクラフトビールの棚をつくろうと思っても、ヤッホーブルーイングしかプレイヤーがいなければ棚が成立せず、クラフトビールのブームというものも生まれない。そして、「クラフトビールが流行中」という〝現象〟にならなければ、メディアに大きく取り上げられることもなくなってしまう。ということは、いくらヒットしているからといっても、一社が市場を独占するというのはトータルとしてマイナスに働く可能性が高いと考えられます。

嶋　メディアの側も、小売店で棚をつくる側も、そうした発想の根底にサラリーマン的な感覚があるのが面白いところですね。メディアの人が現象を報じるときに、上司から「それは本当に流行っているのか？」と突っ込まれないように横並び事例を必要とするのと同じで、流通の側もクラフトビールが売れているから棚をつくってお客さんにもっとアピールしたいけど、一社だけでは説得力が乏しいから、いくつも同じカテゴリーの商品を並べて、「ほら、クラフトビールはいっぱいあるでしょう？　本当にブームなんですよ」とプレゼンテーションする。そういうサラリーマン的としか言いようがない感覚によって、社会記号は担保されているということが分かります。

松井　要するに、社会記号というのは特定のブランドや商品を超えた一般名称なのですよね。しかも、人は一般名称でないと流行っているという保証がないから、なかなか動かない。確かにそれは、すごくサラリーマン的な感覚です。

嶋　つまり、社会記号とはサラリーマン精神がつくっているわけですね。

松井　それはいいですね。誰がつくっているのかという結論が出ました。社会記号は、サラリーマンがつくっている。

嶋　犯人探しをしていったら、実は自分だったという、まるで推理小説のような結論になりましたね。

優れた社会記号は風俗店の名前になる

松井　サラリーマンの感覚が社会記号をつくっているというのは本当にそうですね。以前、嶋さんが編集された『ブランド「メディア」のつくり方』という編集者の講義集の中で、『さおだけ屋はなぜ潰れないのか？』などのベストセラーを手掛けた柿内芳文さんが、「タイトルをイチからつくった新書は売れなかった」と語っていました。

そこで例に挙げていたのは、『非属の才能』という「精神的に何かに群れるということをしない」ことの重要さを訴える新書で、この「非属」という造語が、読者に伝わりづらかったかもしれないと振り返っていらっしゃったのです。一方で、『下流社会』のように、すでにあることば（上流、中流）に乗っかったタイトルは、新しい造語であっても広まりやすいともおっしゃっていた。

前例がないことばは広まりづらく、概念を上書きするようなことばは広まりやすい。これもまさにサラリーマン的な感覚に由来するものではないかと思います。

嶋　厳密には、これまで生まれた社会記号の星取表をつくってみないと断言できませんが、上書きすることばのほうが世の中に浸透するスピードは速い印象はありますよね。

松井　「コギャル」というのは「ギャル」の上書きですし、「コマダム」は「コギャル」の上書きです。その感覚には、オヤジギャグっぽいところもありますね。

嶋　昔、「優れた社会記号は最終的には風俗店の名前になる」という仮説を立てたことがあります。

松井　ああ、風俗店の名前はオヤジギャグの極致ですよね。

嶋　それである出版社の仕事をしていたときに、そういう社会記号のメカニズムを先回りする形で、新創刊の男性誌の名前を使ったキャバクラを六本木に一カ月限定でオープンしませんかという提案をしました。実現はしなかったですけどね。

松井　社会記号は人々の潜在的な欲望の反映なので、そうした欲望を顕在化するためにことばを利用するという意味では、それは正しい提案だと思います。時代ごとの男性の欲望の変遷を調査するための格好のサンプルとして、いつか私も風俗店名のテキストマイニングをやってみたいと思っています。ちなみに、今「コマダム」ということばを検索してみたら、デリヘルの広告ばかりが出てきました。

嶋　最終的にそこまでいくというのは、社会記号として社会と一体化した証拠ですね。ことばが喚起するイメージが、人々の間で完全に定着したということですから。

松井　社会記号が風俗店になる前のプレイヤーとして、けっこう重要なのが「週刊現代」や「週刊ポスト」といったオヤジ向けの男性週刊誌で、ここで性的な意味で使われるようになったことばは、かなり高い確率で風俗店の名前に使われます。例えば「癒し」ということばについて調べたときも、「ａｎ・ａｎ」と「週刊ポスト」で全然違ったわけです。「ａｎ・ａｎ」ではスパとかマッサージといった女性のリラクゼーションを扱っていたのに、「週刊ポスト」では癒し系ＯＬとオジサンが夜のオフィスで……みたいな記事に使われていた。
うちのゼミの学生が「モテかわ」というキーワードで卒論を書きたいということで調べていたのですが、それも「週刊ポスト」にいくとエロに変わっている。オヤジの性的ファンタジーを言語化しているわけなのですが、何でもそこに落とし込んでいく力はしぶとくすごいと思いました。
嶋　でも、だからこそ社会記号の浸透度を測るバロメーターとして男性週刊誌は有効です。
松井　情報感度が高くないオジサンにも通用することばになったということですからね。それも「サラリーマンが社会記号をつくっている」ことを示す事例といえそうです。

社会記号は大衆の権化

松井　女性ファッション誌のキーワードだった「モテかわ」ということばまで、男性週刊誌ではエロに使われている事実を考えると、特定のプレイヤーが社会記号をコントロールするのはやはり無理なのだということが分かります。
私の忘れられない話に「草食男子が悪者になってしまった」というものがあります。この「草食男子」の名付け親であるコラムニストの深澤真紀《ふかさわまき》さんは、もともとポジティブな意味で名付けたそうなのです。恋愛にガツガツしない、女性と自然体で付き合える若い男性の登場を歓迎する意味で、「草食男子」という新しいカテゴリーをつくったのですが、それが単に「欲が薄い若者」という意味に捉えられてしまい、クルマ離れの責任も草食男子が犯人と報じられるようになってしまった。

こういう例はいっぱいあります。「リケジョ」だって、最初は男性のイメージが強い理系の世界でも、こんなに女性が活躍しているのですとアピールすることばでした。しかし、「リケジョ」を代表していた小保方晴子《おぼかたはるこ》さんの騒動があって、けっこうネガティブなことばになってしまいました。私は大学教員なので、「リケジョ」を前面に出してパンフレットなんかをつくっていた学校は相当に慌てただろうなと思います。

「女子力」も、もともとは漫画家の安野モヨコさんが、女性の自分磨きを肯定することばとして使い始めたものであり、ポジティブな意味合いがありました。しかし「女子力」ということばが広がって一般的になるにつれて、嫌がる女性もまた増えてきました。こうした女性たちからすれば、「サラダを取り分けて」といった男視線の身勝手な性的な役割の押しつけとして、「女子力」ということばが使われているように見えるのです。

嶋　世の中に流布することばを一〇〇パーセント、コントロールすることは不可能です。それは企業のメッセージでも例外ではありません。だから、私たちPRの人間は世論の合意形成を目指すときに「マネージ」ということばをよく使います。しかし、広告会社の人は「コントロール」ということばをよく使うのです。この違いは大きくて、要するに広告側としては、メディアで露出するということは、お金を払って自分たちの言いたいことをコントロールするという感覚があるわけです。

一方で、ここまで松井さんと語り合ってきたようなメディアの構造が分かっている人は、コントロールすることは不可能だということを前提にしたうえで、いかに最善の方向に向かわせるべくメディアに働きかけていけばいいかを考えます。

松井　だから、社会記号の説明図式として陰謀論は成立しない。「社会記号とはサラリーマンがつくっている」というのは、私たちも社会記号をつくり上げるプレイヤーのひとりだということです。

嶋　社会記号というのは良くも悪くも、大衆の欲望の権化なのです。そこには松井さんがおっしゃるように、ネガティブとポジティブの両方の側面があります。ことばが人を解放することもあれば、人を不自由にすることもある。だからこそ、ことばが生まれるメカニズムを知って、ことばが意味するものは時代に応じて変わるし、絶対的なものではないのだと理解する。それがことばと正しく付き合ううえで、大切なことだと思います。

おわりに　社会記号をクリティカルに捉える消費者になるには？

松井　剛

ランドル・コリンズという社会学者が書いた *Sociological Insight*（邦題『脱常識の社会学』）という面白い本があります。邦題のサブタイトルが「社会の読み方入門」であるように、世の中の出来事を、常識に囚《とら》われず読み解くための道具がたくさん紹介されています。世の中の動きについて独創的なものの見方をしなければならないマーケターやクリエイターにとって、必読の書だと個人的には思っています。この本には、こんな一節があります。

私たちは言葉を用いて考えるが、その言葉を自分で発明したわけではない。もし私たちが観念《アイディア》というものをもっていなかったら、私たちはまったく考えることができないであろう。私たちはまた、ある種の理念《アイディアル》に従って自分の行動を律している。しかし、こうした観念や理念を自分たちだけでつくりだしたとは言えまい。観念や理念というものは必ず何か一般的なものをふくんでいる。観念や理念は、個別の具体的なものを超越する概念であり、それぞれの個別的なものをより大きな集合《クラス》の一事例と見なすような概念である。

ちょっと分かりづらいかもしれませんが、ここでいう「言葉」と「観念」と「理念」はイコールであると考えてよいでしょう。私たちの関心に引き寄せて考えると、ポイントは、（a）ことばがなければ、私たちは考えることができないということと、（b）ことばは自分たちでつくり出したのではなく、社会から与えられたということです。

社会記号をめぐってここまで読んでくださった皆さんは、新しいことばができ上がって、世の中の見え方が変わり、その見方が当たり前のものになる、という経験が実は、普段の生活で日々起こっていることを実感されていると思います。

例えば「定番料理」とか「カラオケの定番」という言い方があります。この「定番」ということばは、今ではすっかり日常用語になりましたが、かつては新語でした。井上ひさし氏が『井上ひさしの日本語相談』で次のように解説しています。

定番は、主として衣服業界で使われている用語で、「定番商品」の省略した言い方です。たとえば、白ワイシャツや白ブラウスなどのように、流行にかかわりなく、毎年、確実な売り上げの見込まれる基本的な商品が定番商品で、商品台帳にその商品番号が固定して定められています。これが一般に転用されて、「基本的な、きまりもの」という意味をこめて使われるようになりました。新語には、この定番のように、在来語からの転用がけっこう多いようです。

メディアや広告業界などひろくマーケティング・コミュニケーションに関わる人たちは、こうした新語をつくって、それを商機として活《い》かそうとしています。しかし「新語・流行語大賞」の過去の受賞リストを眺めたら分かるように、広く流行したことばでも、その多くは消え去っていきます。ことばの消長は、ことばですら利益機会になり得る資本主義の世の中においては、極めて一般的な出来事であると言えます。国語学者の大野晋《おおのすすむ》氏は、かつて『日本語練習帳』というベストセラーになった著書の中で次のように述べています。

ときには、「新しい言葉」をつくる人もいます。新しい言葉をつくろうと、現在は落語家や漫才師、あるいはコピーライターがしのぎを削っています。戦後にアジャパーだとかトンデモハップンだとか、一時は流行する表現がつくられました。その大部分は一〇年もたたずに消えました。それはつくられたものの底が浅かったのです。

挙げている例が、いささか古すぎるかもしれません。しかし、この古さこそが、商業的に生み出されたことばの多くが消えるのは普遍的な出来事であることを、如実に示しています。確かに商業的につくり上げられた新語は、それによって、たとえ短期的であったとしても利益や売り上げが上がるのならば、日常用語として定着する必要は必ずしもありません。しかし、「定番」といったことばは、私たちのボキャブラリーにすっかり定着しています。さらに言えば、二一世紀の今こそは死語になったにせよ、アジャパーとかトンデモハップンといった昭和のある時期を彷彿《ほうふつ》とさせるこうしたことばは、そのときのリアリティを如実に捉えた社会記号であったと言えます。

どのようなことばが流行語になり、市場を創造し、定着するのか？　この本では、社会記号というキーワードを通して、ビジネスとアカデミアの両面から、こうした問題について考えてみました。

この本を企画する際には、次のことを意識しました。

一、単なるビジネス書ではなく、市場をつくることば＝社会記号について考えることで、世の中についての洞察を深める本とする。

二、（女子会なり加齢臭なり）「自分事」であることばについて考えることで、紋切り型のモノの見方から脱するための教養書とする。

三、実務家と研究者のコラボレーションの成果として多角的な議論を展開する。

四、紋切り型のものの見方から逃れて、クリティカルなものの見方をしたい人々に刺さる内容とする。

五、教養書としての深みがゆえに、実は「役に立つ」本にする。

このネライがどこまで実現したかは、読者の皆さんの判断に委ねるしかありません。この本は、ビジネスに役立てたい人だけでなく、毎日「消費者」として生活する皆さんに向けても、書かれています。皆さんが身につけたり、使ったりするモノやサービスは、ほとんどが買ったものですね。買うという背後には、買ってもらうためのマーケティングが必ずあります。そのマーケティングの手段としてのことば、つまり社会記号が私たちの生活の中で根を下ろしていることを、実感していただけたと思います。

皆さんには「なぜ自分はこんなモノを買ってしまったんだろう」と自省（あるいは後悔）した経験があると思います。この自省をより深めるための「道具立て」を、嶋さんとともに数多く紹介しました。社会記号に振り回されず、距離を置いて冷静に見る、すなわちクリティカルに社会記号を捉える構えが、読者の皆さんの中に生まれることを期待しています。

学者は、とかく説明が難解なものになりやすいです。しかし社会記号の世界で長らく仕事をしてきた嶋さんの分かりやすい説明のおかげで、「自分事」として社会記号を捉えることができたのではないでしょうか？

＊

実は、私は、「ことばとマーケティング」という研究テーマに一五年取り組んできました。ことばが市場をつくるという不思議に魅せられて、他の研究者がやらない地味な研究に取り組んできたわけです。

しかし同じようなことを、はるかに前から深く考えてビジネスに活かしていた人がいた、ということを知ったのは、二〇一四年のことでした。それが嶋さんでした。なんでもっと早くに知ることができなかったのか、と思ったことを今でも思い出します。しかし幸運なことに、共著者としてこの本を上梓《じょうし》することができました。

この出会いをつくってくれたのが、私のゼミの第一期生の清水佑介さんです。清水さんは、嶋さんが経営する博報堂ケトルで活躍するキャンペーンプランニングディレクターです。初めて受け持ったゼミの卒業生が、こういった素晴らしい縁をつくってくれたことは、教師冥利に尽きることです。

またこの本をつくるにあたっては、集英社新書編集部編集長の西潟龍彦さんと編集・ライターの小山田裕哉《おやまだゆうや》さんの丁寧な編集に助けられました。また、このプロジェクトの初期には、元博報堂ケトル、現ひむか-Biz（宮崎県日向市産業支援センター）の長友慎治さんにお世話になりました。

私の担当章は、本文中で言及した学会発表や論文に加えて、吉田秀雄記念事業財団に二〇一五年三月に提出した最終報告書「ことばを通じた市場創造――『女子』をめぐる消費者の価値観の変化と消費者行動に関する研究」に基づいています。同財団からの研究助成に深謝致します。また第三章で紹介したMROCなどの調査では、元ジャパン・マーケティング・エージェンシーの梅津順江《うめづゆきえ》さん（現ハルメク）や同社の皆さんに大変お世話になりました。

＊

コリンズが言うように、ことばがなければ、私たちは考えることができませんし、ことばは、社会から与えられたものです。しかしその一方で、ことばは誰かの専有物ではありません。ことばを利用するのも、ことばに踊らされるのも、ことばをつくり出すのも、同じ人間です。その証拠に、私たちは、この本で「社会記号」ということばを使って、ことばをめぐるさまざまな問題について、主体的に思考を巡らせてきました。ことばがゆえに思考停止になるのではなく、ことばがゆえに新しい地平が見えてくること。このことを、この本のあらゆる読者の皆さんに願ってやみません。

主要参考資料

英語文献

Becker, Howard S., *Outsiders: Studies in the Sociology of Deviance*, New York: Free Press, 1973（村上直之訳『完訳 アウトサイダーズ――ラベリング理論再考』現代人文社、二〇一一年）

Berger, Peter L. and Luckmann, Thomas, *The Social Construction of Reality: A Treatise in the Sociology of Knowledge*, Garden City, N.Y.: Doubleday, 1966（山口節郎訳『現実の社会的構成――知識社会学論考』新曜社、二〇〇三年）

Collins, Randall, *Sociological Insight: An Introduction to Non-Obvious Sociology* (*2nd Edition*), New York: Oxford University Press, 1992（井上俊・磯部卓三訳『脱常識の社会学 第二版――社会の読み方入門』岩波現代文庫、二〇一三年）

Goffman, Erving, *Stigma: Notes on the Management of Spoiled Identity*, Englewood Cliffs, N.J.: Prentice-Hall, 1963（石黒毅訳『スティグマの社会学――烙印を押されたアイデンティティ』改訂版、せりか書房、二〇〇一年）

Lakoff, George P., *Women, Fire, and Dangerous Things: What Categories Reveal about the Mind*, Chicago: The University of Chicago Press, 1987（池上嘉彦・河上誓作他訳『認知意味論――言語から見た人間の心』紀伊國屋書店、一九九三年）

Marchand, Roland, *Advertising the American Dream: Making Way for Modernity, 1920-1940*, Berkeley:

University of California Press, 1985
Solomon, Michael R., *Consumer Behavior: Buying, Having, and Being* (10th Edition), Boston: Prentice Hall, 2012（松井剛監訳『ソロモン　消費者行動論』丸善出版、二〇一五年）
Zerubavel, Eviatar, *Social Mindscapes: An Invitation to Cognitive Sociology*, Cambridge, Mass.: Harvard University Press, 1997
Mills, C. Wright., "Situated Actions and Vocabularies of Motive", *American Sociological Review*, Vol. 5, No. 6, pp. 904-913, 1940

日本語文献

安野モヨコ『美人画報』講談社、一九九九年
安野モヨコ『美人画報ハイパー』講談社、二〇〇一年
安野モヨコ『美人画報ワンダー』講談社、二〇〇三年
石井淳蔵『マーケティングの神話』日本経済新聞社、一九九三年
井上ひさし『井上ひさしの日本語相談』新潮文庫、二〇一一年
大野晋『日本語練習帳』岩波新書、一九九九年
小霜和也『ここらで広告コピーの本当の話をします。』宣伝会議、二〇一四年
嶋浩一郎編『ブランド「メディア」のつくり方』誠文堂新光社、二〇一〇年
鈴木智之『「心の闇」と動機の語彙――犯罪報道の一九九〇年代』青弓社、二〇一三年

松井剛『ことばとマーケティング――「癒し」ブームの消費社会史』碩学舎、二〇一三年
松井剛「ことばを通じた市場創造――『女子』をめぐる消費者の価値観の変化と消費者行動に関する研究」吉田秀雄記念事業財団研究助成（第48次）最終報告書、二〇一五年
松井剛「『女子』の誕生――雑誌記事タイトルのテキストマイニングによる流行語の研究」第2回マーケティングカンファレンス2013発表論文、二〇一三年
松井剛「社会記号の4類型――呼称・行為・脅威・カテゴリー」『マーケティングジャーナル』三五巻二号、五～一九ページ、二〇一五年
水原明人『「死語」コレクション――歴史の中に消えた言葉』講談社現代新書、一九九六年
山本由樹『「欲望」のマーケティング――絞り込む、巻き込む、揺り動かす』ディスカヴァー携書、二〇一二年
渡辺和博・安西繁美『平成ニッポンのお金持ちとビンボー人――同じ職業でも月とスッポン！　現代人気職業の栄光と悲哀』扶桑社、二〇〇一年
渡辺和博・タラコプロダクション『金魂巻――現代人気職業三十一の金持ビンボー人の表層と力と構造』主婦の友社、一九八四年
B・L・ウォーフ著、池上嘉彦訳『言語・思考・現実』講談社学術文庫、一九九三年
トマス・ハリス著、高見浩訳『羊たちの沈黙』上下、新潮文庫、二〇一二年
安野モヨコ「『女子力』つけて、モテる私　女子力のことは達人に学べ！　安野モヨコ式女子力とは？女子に生まれたからには、キレイになってモテたい」「ｎｏｎ‐ｎｏ」二〇〇二年三月二〇日号

鈴木繁「男　加齢臭はあ、21世紀の匂い――草食系よ、『生の証し』を消すなかれ」「AERA」二〇〇九年三月三〇日

ウェブサイト

阿部光史「花粉症というコトバ」東京コピーライターズクラブ・リレーコラム、二〇〇一年四月六日（http://www.tcc.gr.jp/relay_column/show/id/382）
もりひろし「違いが分かる？『〇〇女』と『〇〇女子』、『〇〇ガール』――『干物女』を『干物女子』とは呼びにくい」日経ビジネスオンライン、二〇一〇年一一月二日（http://business.nikkeibp.co.jp/article/topics/20101029/216877/）
森口将之「コメダ珈琲、高齢者を虜にする『もう1つの顔』」東洋経済オンライン、二〇一六年七月一〇日（http://toyokeizai.net/articles/-/126332）
「セブン-イレブンが『売れるはずがない』からヒット商品を創造する秘密」ダイヤモンドオンライン、二〇一六年九月二〇日（http://diamond.jp/articles/-/102240）

編集協力／小山田裕哉
図版作成／ＭＯＴＨＥＲ

嶋 浩一郎（しま こういちろう）

一九六八年生まれ。上智大学卒。博報堂ケトル共同CEO。PR視点で企業コミュニケーションを手掛ける。本屋大賞実行委員会理事。東京・下北沢に本屋B&Bを運営。著書に『嶋浩一郎のアイデアのつくり方』など。

松井 剛（まつい たけし）

一九七二年生まれ。一橋大学教授。博士（商学）。専門はマーケティング、消費者行動論、文化社会学など。著書に『ことばとマーケティング――「癒し」ブームの消費社会史』、共編著に『1からの消費者行動』。

欲望《よくぼう》する「ことば」「社会記号《しゃかいきごう》」とマーケティング

集英社新書〇九一一B

二〇一七年一一月二〇日 第一刷発行
二〇二五年 三 月一九日 第三刷発行

著者……嶋《しま》 浩《こう》一郎《いちろう》／松井《まつい》 剛《たけし》

発行者……樋口尚也

発行所……株式会社集英社
東京都千代田区一ツ橋二－五－一〇 郵便番号一〇一－八〇五〇
電話 〇三－三二三〇－六三九一（編集部）
〇三－三二三〇－六〇八〇（読者係）
〇三－三二三〇－六三九三（販売部）書店専用

装幀……原 研哉

印刷所……TOPPAN株式会社

製本所……株式会社ブックアート

定価はカバーに表示してあります。

 ISBN 978-4-08-721011-8 C0236 Printed in Japan

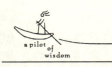